保育ソーシャルワークの思想と理論

保育ソーシャルワーク学
研究叢書
第1巻

日本保育ソーシャルワーク学会 監修
鶴宏史・三好明夫
山本佳代子・柴田賢一 責任編集

晃洋書房

はしがき
――保育ソーシャルワークの学としての可能性を探る――

　日本において、「保育ソーシャルワーク」という言葉が意識的に使用され始めてからしばらく経った。この言葉がいつ頃から使用され始めたかを特定することは難しい側面もあるが、一般的には保育領域において保護者支援・子育て支援を新たな領域として位置付けようとする議論が積極的に展開されていく2000年代初めであるといってよいであろう。

　すなわち、それは、保護者支援・子育て支援の中核施設として保育所が位置付けられて以降のことであり、特に保育士資格が国家資格化（法定化）される2001年前後のことである。その先駆け的論者の１人である石井哲夫は、保育ソーシャルワークについて、「目下、保育所が社会的に期待されてきている保育は、単に保育所内の自己完結的な保育のみではない。子どもの属している生活空間や時間的な進行過程を望見し、アセスメントを行い、広い視野に立つ生活と発達の援助を行うことである。従って、保護者に対しても強く影響力をもつ保育が期待されてきている」と述べ、児童虐待の増加等に対して、保育所がセーフティネットの最前線にあるべきであると論じている。そして、地域子育て支援を担う人材として、「当面、現実的な視点から考えて、保育所として保育士もその任に当ることが妥当」としたうえで、保育士によるソーシャルワーク論を展開している（参照：石井哲夫「保育ソーシャルワーク講座―新エンゼルプラン、改訂保育指針にもとづく子育て支援を考える」『白梅学園短期大学　教育・福祉研究センター研究年報』第６号、2001年：同「私説　保育ソーシャルワーク論」前掲年報、第７号、2002年)。

　ここでは、児童虐待の予防対応をメインに、地域における子育て支援拠点として、保育所・保育士がソーシャルワーク支援を必要としている家庭の子育て支援に積極的に対応していくことの重要性が唱えられているが、こうした指摘に見られるように、今日、保育所等保育施設におけるソーシャルワーク機能の発揮（ネットワーク構築を含む）や保育士等保育者の専門性としてのソーシャル

ワーク能力の形成、子どもと保護者に対する保育ソーシャルワーク実践をつかさどる人材（保育ソーシャルワーカー）の育成などが課題となるなかで、保育とソーシャルワークの学際的領域である保育ソーシャルワークへの関心が高まってきている。

　本研究叢書は、2013年11月30日に、保育ソーシャルワークの専門学会として設立された「日本保育ソーシャルワーク学会」の創立5周年を記念して企画されたものである。学会創設時には、当時の学会の総力を挙げて取り組まれた『保育ソーシャルワークの世界──理論と実践──』（晃洋書房、2014年11月。「改訂版」は、2018年7月）が発行されているが、近年、保育ソーシャルワークを専攻とする研究者・実践者やそれを直接のテーマとする論文・実践報告の数も急速に増えつつあり、保育ソーシャルワークの学としての組織化・体系化が求められるにいたっている。

　本研究叢書は、保育ソーシャルワークの学としての構築をめざして、再び学会の叡智を結集して編集されたものである。「思想と理論」、「内容と方法」及び「制度と政策」の3巻で構成され、保育ソーシャルワーク研究・実践の現段階を明らかにし、学としての創造に向けて今後進むべき道標を指し示そうと試みている。できる限り保育ソーシャルワークの全体像が鳥瞰できるよう、随所に工夫がなされており、日本初の「保育ソーシャルワーク学講座」と呼べる内容となっている。

　各論文にあっては、それぞれに最新の議論と実践が紹介され展開されているが、なかには、まったく相反する内容や見解も含まれている。それらは、真理を探究する学会としての健全さを示すものであると同時に、保育ソーシャルワークの学としての可能性を雄弁に物語るものであるといえるであろう。本研究叢書が、保育ソーシャルワークを考究する「定跡（石）」の書として、保育ソーシャルワークの研究者・実践者のみならず、保育とソーシャルワークを学ぶ学生・院生、保育者、ソーシャルワーカー、子育て支援関係者、保育行政職員、さらには、保育・子育てに関心のある一般市民の方々に広く読まれていくことを願ってやまない。

　最後になったが、厳しい出版事情のなかで、上述した学会設立記念誌に加えて、全3巻という大部の学術専門書の発行にあたり、本書の出版を快諾された

晃洋書房の植田実社長、編集でお世話になった丸井清泰氏、校正でお手数をおかけした石風呂春香氏に、心から感謝の意を表したい。

 2018年9月1日
    学会創立5周年を記念して
    日本保育ソーシャルワーク学会
          会長　伊　藤　良　高

解　題

第1巻編集委員　　鶴宏史　　三好明夫
　　　　　　　　山本佳代子　柴田賢一

　「保育ソーシャルワーク」なる用語は、2000年前後から現れ、保育ソーシャルワークに関する研究が徐々に展開されてきた。この背景には子育て支援の中心に保育所が位置付けられたことや、保育士の国家資格化がある。しかし、この数年後には保育ソーシャルワークに関する理論的基盤や枠組みが各論者で異なり、統一した見解のない曖昧の状況であるとの指摘があった（山縣、2008）[1]。その後も保育ソーシャルワーク研究が展開されているにもかかわらず、この状況は現在もそれほど変わっていない（本書序章、第10章参照）。
　この点は、保育ソーシャルワーク研究に、保育ソーシャルワークを「学」としていかに構築するか、保育ソーシャルワーク実践をどのように方向付け展開するかという2つの課題を突き付ける。第1巻は、これらの課題に果敢にチャレンジするものである。

第1巻の構成と内容

　第1巻（思想と理論）の構成は、序章「保育ソーシャルワークとは何か」を受け、全2部で構成される。まず、「第Ⅰ部　保育ソーシャルワークの思想」では、ソーシャルワークと保育の歴史、思想、専門職倫理の視点から保育ソーシャルワークの理論的枠組みを検討する。次いで、「第Ⅱ部　保育ソーシャルワークの理論」では、保育ソーシャルワークの理論構築に不可欠な保育ソーシャルワークの対象・分野、実践理論、研究法、海外の動向、そして研究の論点を検討する。
　序章「保育ソーシャルワークとは何か」（伊藤良高）は、保育ソーシャルワークについて原理的かつ総論的に考察している。近年の保育ソーシャルワークをめぐる状況や先行研究を踏まえて、保育ソーシャルワークを「保育とソーシャルワークの学際的・統合的な概念として位置づけ、子どもと保護者の幸福の

トータルな保障をめざし、その専門的知識と技術をもって、保育施設や地域社会における特別な配慮を必要とする子どもと保護者（障がいや発達上の課題、外国にルーツをもつ子どもや家族、育児不安、不適切な養育、虐待や生活上の課題）に対して行われる支援である」と定義付ける。そして、保育ソーシャルワーク学の構築のために、実証的な知見・成果に基づく保育ソーシャルワークの理論的・実践的研究の発展と深化が求められると示唆している。

「第Ⅰ部」の第1章「ソーシャルワークの歴史と思想」（柴田賢一）は、保育ソーシャルワークの成立史を17世紀の児童福祉立法の時代から振り返り、保育ソーシャルワークの課題を検討している。そのなかで、「ソーシャルワークのアポリア（科学性を志向しつつも人間を対象とするがゆえの科学性に対する疑問）を浮き彫りにし、それは保育学や教育学でも同様だと指摘する。そして、保育ソーシャルワークの在り方として、保護者をいかなる対象とし、また「個人」「社会」「家族」という対象をどのように整理し関係を取り結ぶのかが問われていると投げかけている。

第2章「保育の歴史と思想」（柴田賢一）は、保育の歴史的生成過程をたどり、保育ソーシャルワークが必要とされるに至った歴史的経緯を検討している。近代以降の各種史料等をもとに、乳幼児の養育の姿を描き出し、そして現代に至る家族とその生活の変化をたどり、保育の生成に至る道筋を示す。これらを通して、「保育」と「教育」、「家庭」と「労働」が分離し、同年齢の子どもたちが別々の施設で過ごすようになり、そしてまた1つになろうと模索していることを明らかにする。これらの問題や変化を「社会の変態」の視点から捉え、「変態する世界」を捉える術を保育ソーシャルワーカーは持つ必要があると指摘する。

第3章「保育ソーシャルワークにおける倫理」（鶴宏史）は、保育ソーシャルワークにおける専門職倫理の課題について考察している。全米乳幼児教育協会の倫理綱領とそのガイドブックを基盤に、倫理問題や倫理的ジレンマの解決に向けた系統的な解決過程を明らかにした上で、今後の課題として、保育士養成や保育現場での倫理教育の充実の必要性と、研究・実践の両方における倫理問題や倫理的ジレンマに関する取り組みの推進を挙げている。

「第Ⅱ部」の第4章「保育ソーシャルワークと保護者支援」（進藤珠里）は、

保護者支援における保育ソーシャルワークの必要性を考察している。保育士への調査を踏まえ、保護者支援と保育ソーシャルワーク実践の課題と展望として、個別対応場面におけるソーシャルワーク実践の導入、保護者との信頼関係構築、ソーシャルワークの基礎知識に基づくニーズ把握、職員間の連携、保育者の更なる学習の必要性をあげる。そして、反省的実践家としての保育者であることの重要性を示唆している。

第5章「保育ソーシャルワークと地域子育て支援」（千葉千恵美）は、保育現場に必要な保育ソーシャルワークと大学が果たす地域子育て支援の実践とのつながりを検討している。筆者の所属大学での地域子育て支援の実践の効果測定等を通して、その効果を明確にするとともに、大学生が地域子育て支援に関わることで学生の意識が変化したことを明らかにしている。これらを踏まえて、地域子育て支援における保育ソーシャルワークとしての対応において、地域の特質に合わせた子育て支援を実施することが重要であると結論付けている。

第6章「保育ソーシャルワークの対象としての子どもの貧困」（中村強士）は、保育ソーシャルワークが子どもの貧困の解決に有効であることを検討している。子どもの貧困の背景には「家族主義」と「競争原理と自己責任論」があり、それゆえ子どもの貧困の原因と解決を家族に押し付けやすいことを浮き彫りにする。そして、保育ソーシャルワークは「子供の貧困対策に関する大綱」の実現に不可欠であると示唆し、保育ソーシャルワークには「乳幼児の声なき声をキャッチし、親子を丸ごと『見ようとする』支援が求められる」と指摘している。

第7章「保育ソーシャルワークにおける解決志向アプローチの展開」（河野清志）は、保育現場における実践モデルとしての解決志向アプローチ（SFA）の有用性を検討している。保育現場でSFAを用いる利点は、様々な場面で適用できること、保育者の現場経験に関係なく使用できること、肯定的側面に焦点を当てるため保護者と連携・協力関係を形成しやすいこと、保護者の自己効力感が高まることを明らかにしている。今後の課題として、養成校での教育と現任研修が不可欠であることを課題として挙げている。

第8章「保育ソーシャルワークの研究法」（鶴宏史）は、保育ソーシャルワーク学の展開にとって、事例研究（case study）が重要かつ有用な研究法であるこ

とを検討している。事例研究の定義と方法を概観し、保育ソーシャルワークの実践モデルを仮説的に提示した上で、その有効性を事例研究によって検証した。保育ソーシャルワーク研究・実践で事例研究を行う意義は、実践活動への活用、理論やパラダイムの見直し、スーパービジョンへの活用、初学の援助者の教育・訓練、に役立つことが挙げられた。

第9章「カナダ・ブリティッシュコロンビア州における保育者の保護者支援」（丸目満弓）は、カナダ・ブリティッシュコロンビア州（BC州）での実態調査を通して、日本の保護者支援の課題を考察している。BC州における調査の結果、BC州の保育者の保護者支援が子育てに限定されない生活全体を捉えた支援であること、保護者と外部機関とを積極的に仲介することが明らかになった。日本の保護者支援の課題は、保護者の抱える問題の早期発見と初期対応の徹底、社会資源の仲介、ソーシャルアクションの推進の必要性を示唆した。

第10章「保育ソーシャルワークの論点」（山本佳代子）は、今後求められる保育ソーシャルワーク研究の課題と展望について検討している。保育ソーシャルワーク研究をレビューし、近年の研究の論点に保育ソーシャルワークの概念・定義、対象、実施主体を挙げ、一定の理論的議論はあるが、調査や事例研究の蓄積は不十分と指摘する。そして、調査を通して、保育士がソーシャルワークにかかわる行動をとっていることを明らかにした。今後の課題として、保育ソーシャルワークの構造の明確化、保育現場で有用なソーシャルワークモデルの構築、保育ソーシャルワーク実践に関するコンピテンシーの析出、組織マネジメントやコミットメント等に関連する研究の推進であると結論付けている。

課題と展望

保育ソーシャルワーク学を確立するためには、実証的な知見に基づく保育ソーシャルワークの理論的・実践的研究の発展と深化が求められるが、まずは、保育ソーシャルワークの定義、機能、対象等を明確化し、これらを基盤に保育ソーシャルワークの構造を明確にすることが求められる（序章、第10章）。これらを前提に今後の課題と展望を列挙する。

① 保育ソーシャルワークの存在意義や課題を理論的・実践的に明確にする。

② 子育て支援、あるいは子どもの貧困、児童虐待、外国籍親子の支援等における保育ソーシャルワークの有効性を明らかにする。
③ 日本の保育現場における子育て支援等の課題を明らかにするとともに、保育現場で有用なソーシャルワークの実践モデルを構築する。

多くの課題が残されているが、保育ソーシャルワーク学が創造、構築されていくことが、多いに期待される。

注
1）山縣文治研究代表（2008）『保育士の子育て支援業務におけるソーシャルワーク機能の検討（2007年度日本証券奨学財団研究調査助成事業）』大阪市立大学少子社会科学研究室。

目　　次

はしがき
解　題

序　章　保育ソーシャルワークとは何か ……………………………… 1
　はじめに　(1)
　1　保育ソーシャルワーク論の台頭と展開　(2)
　2　保育ソーシャルワークの定義と意義　(6)
　　　──保育とソーシャルワークの統一（交錯と融合）をめざして──
　3　保育ソーシャルワークをめぐる課題と展望　(12)
　　　──学としての構築に向かうための道標を考える──
　おわりに　(16)

第Ⅰ部　保育ソーシャルワークの思想

第1章　ソーシャルワークの歴史と思想 ……………………………… 21
　はじめに　(21)
　1　社会福祉のはじまり　(22)
　　　──初期近代イングランドにおける子どもの"福祉"を中心に──
　2　ソーシャルワークの生成と拡大　(28)
　　　──福祉・医療・教育──
　3　ソーシャルワークの展開　(32)
　おわりに　(37)
　　　──保育ソーシャルワーク誕生前史として──

第2章　保育の歴史と思想 ………………………………………………… 41
　はじめに　(41)

1　家族・子育て・社会　(42)
　　──オイコノミアからエコノミーへ──
2　"保育"と"幼児教育"の誕生　(47)
3　日本における保育の展開と保育ソーシャルワーク　(49)
おわりに　(54)
　　──現代の保育と保育ソーシャルワーク──

第3章　保育ソーシャルワークにおける倫理 …………………… 59
　　──倫理問題と倫理的ジレンマ──

はじめに　(59)
1　専門職における価値と倫理　(60)
2　倫理問題と倫理的ジレンマ　(62)
3　倫理的ジレンマの事例検討　(67)
おわりに　(72)

第Ⅱ部　保育ソーシャルワークの理論

第4章　保育ソーシャルワークと保護者支援 …………………… 75
はじめに　(75)
1　保護者支援と保育ソーシャルワーク　(75)
2　保護者支援の現状と保育ソーシャルワーク実践　(79)
3　保護者支援と保育ソーシャルワーク実践の課題と展望　(84)
おわりに　(90)

第5章　保育ソーシャルワークと地域子育て支援 …………… 93
はじめに　(93)
1　地域子育て支援の現状と課題　(93)
2　保育教育と「親子ふれあい教室」の関わり　(106)
おわりに　(108)

第6章　保育ソーシャルワークの対象としての子どもの貧困 …… 111

はじめに　(111)
1　「子どもの貧困」とは何か　(111)
2　貧困とは何か　(116)
3　「子どもの貧困」とたたかう保育ソーシャルワーク　(120)
おわりに　(122)

第7章　保育ソーシャルワークにおける
　　　　解決志向アプローチの展開 ………………………… 125

はじめに　(125)
1　保育ソーシャルワークの役割　(126)
2　解決志向アプローチについて　(129)
3　保育ソーシャルワークとSFA　(133)
おわりに　(135)

第8章　保育ソーシャルワークの研究法 ………………………… 137

はじめに　(137)
1　研究法としての事例研究　(138)
2　事例研究の実際　(139)
　　――事例研究で適用する理論的背景――
3　事例研究の実際　(141)
　　――自傷行動を示す子どもへの支援――
おわりに　(151)

第9章　カナダ・ブリティッシュコロンビア州における
　　　　保育者の保護者支援 ………………………………… 153
　　　　――日本との比較を通して――

はじめに　(153)
1　保育をとりまくカナダ・ブリティッシュコロンビア州と日本の比較　(155)
2　カナダの保育所が行う保護者支援　(158)

3　カナダの保育士が行う保護者支援　（160）
4　カナダの保育所と外部専門機関の日常的な連携　（162）
5　カナダの保育所・保育士が行う保護者支援の特色　（163）
お わ り に　（164）

第10章　保育ソーシャルワークの論点 …………………………… 167

は じ め に　（167）
1　保育ソーシャルワークの潮流と論点　（167）
2　保育士意識からみる保育ソーシャルワーク　（173）
3　保育ソーシャルワークへのアプローチ　（178）
お わ り に　（180）

索　　引　（183）

序　章
保育ソーシャルワークとは何か

はじめに

　日本において、「保育ソーシャルワーク」という言葉が、保育学界及びソーシャルワーク学界並びに保育所等保育現場で意識的、明示的に使われるようになってから、しばらく経った。その間、保育ソーシャルワークを専門的・学術的に考究する学会として「日本保育ソーシャルワーク学会」が設立されたり、保育ソーシャルワークを書名として掲げる学術書や一般書が一定数発行されたりしてきている。また、保育ソーシャルワークを直接のテーマとする研修会や講習会も広く行われるようになり、保育ソーシャルワークに関心を持つ保育士等保育者、子育て支援関係者、学生が増えている。
　このように、保育ソーシャルワークは、従前にはなかった「新しい」学問的・実践的なフィールドに属するものとして、保育とソーシャルワークの双方から、様々なアプローチによる研究・実践が積み重ねられてきている。そして、徐々にではあるが、また、おぼろ気ながらではあるが、その全体的な枠組みとともに検討すべき課題も明らかになりつつある。
　本章では、上述した近年における保育ソーシャルワークをめぐる状況を踏まえながら、保育ソーシャルワークとは何かについて原理的かつ総論的に考察しようとするものである。この目的を果たすために、構成は以下のようになる。まず、保育ソーシャルワーク論の台頭とその展開について概観する。次に、保育ソーシャルワークの定義と意義について、保育とソーシャルワークの統一（交錯と融合）を志向するスタンスから考察する。そして最後に、保育ソーシャルワークをめぐる課題と展望について、学としての構築に向かうための道標を提示すべく検討していきたい。[1]

1 ｜ 保育ソーシャルワーク論の台頭と展開

（1）保育ソーシャルワーク論の台頭

　いつの時代も、また、どこの社会においても、そのときどきの背景や要因、あるいはニーズ（個人の要望や社会の要請）などにより、様々なワードが新たに創出される。これをいま、仮に「新造語」と呼ぶならば、本章が考察の対象とする「保育」と「ソーシャルワーク」の合成語である「保育ソーシャルワーク」もまた、近年の日本における新造語の1つであるといえるであろう。

　では、保育ソーシャルワークというワードが創出されるきっかけとなったものは何であろうか、また、その発端はどこにあるのであろうか。これについては諸説あると思われるが、ここでは、山本佳代子の分析（山本、2013、50）に従い、大要、以下のように捉えておきたい。すなわち、「保育」と「ソーシャルワーク」をキーワードとする保育ソーシャルワークに関する研究論文は、2000年頃から発表されるようになり、2000年代半ばから2010年代初めにかけては年に3～6件ではあるものの、その後も継続的に、そして発展的になされていくようになる。当初の研究タイトルに使われているワードとしては、「保育士」「保育ソーシャルワーク」「保育所」「子育て支援」などが多く、保育所の保育士を対象とし、ソーシャルワークを論じているという傾向が見られる。その背景にあるものは、1990年代後半からの「子育て支援施策の進展および児童福祉法の改正による保育所や保育士の役割の明記、子育て支援事業の法定化」（同上）であるが、2000年代以降は、保育者から見て「気になる」と表現される子どもへの支援に関する研究論文が増加してきており、外発的な保育所における地域を含めた「子育て支援」への取り組みの要請のみならず、「保育所を利用する子どもの最善の利益への保障に伴う、保護者ないし家族への支援の重要性といった内発的動機がソーシャルワークの活用と関心を高めてきた」（同上）と見なすことができる。内容的には、主な事項として、保育ソーシャルワークが求められるようになった背景や保育所がソーシャルワークを担うことに伴う現状と課題、具体的なソーシャルワーク支援を保育所ないし保育士が実践する方法論、養成課程におけるソーシャルワーク教育の必要性などに関するものな

どが取り上げられている。また、2000年代以降、保育ソーシャルワークをテーマとする保育者向けの講座なども徐々に組まれるようになった。

　こうした保育ソーシャルワーク論を早くから展開してきた研究者の1人が石井哲夫である。石井は、保育ソーシャルワークの必要性と重要性について、次のように記している。「目下、保育所が社会的に期待されてきている保育は、単に保育所内の自己完結的な保育のみではない。子どもの属している生活空間や時間的な進行過程を望見し、アセスメントを行い、広い視野に立つ生活と発達の援助を行うことである。従って、保護者に対しても強く影響力を持つ保育が期待されてきている」（石井、2002、1）。ここでは、近年における児童虐待の増加等に対する予防的対応として、保育所がセーフティネットの最前線にあるべきであるという考え方がベースとされている。そして、そのうえで、地域子育て支援を担当する人材として、「当面、現実的な視点から考えて、保育所として保育士もその任に当ることが妥当」（同）と述べ、保育士によるソーシャルワーク論を提起している（伊藤、本書はしがき）。

　また、今堀美樹は、「保育士としての社会福祉援助職としての専門性が、子育て支援という保育サービスに対する新たな考え方を背景に再認識され、その具体的な内容について検討が求められている」（今堀、2002、183）と唱え、社会福祉専門職としての保育士の実践を保育ソーシャルワークとして再構築する方向を模索している。そして、保育ソーシャルワークの可能性を、① 子どもの発達支援におけるソーシャルワーク過程（問題の発見、アセスメントと計画、実施と反省評価）、② 親や他の施設・機関との連携等、子育てをめぐる協働性の開発、のなかに見出している。さらに、土田美世子は、保育所におけるエコロジカル・パースペクティブに基づくソーシャルワークという視点から、「保育所ワーカー（保育士及び保育所長をさす。引用者注）の支援技術として、従来から重視されてきた子どもに対する保育技術に加え、保育技術に本来含まれている保護者に対する相談技術、子どもと保護者の関係性及び環境に働きかけるソーシャルワーク技術が必要である」（土田、2006、34）と主張し、その介入の対象として、① 就学前の子ども、② 子どもと保護者の関係性、③ 子育ての主体者としての保護者、④ 子どもの環境及び保護者による子育てを支援する環境、の4つを掲げている。そのうえで、保育者の専門性について、ケアワークの専

門性を追求していくとともに、ソーシャルワークの視点を持ち、チームケアとして実践されることの大切さを唱えている(伊藤、2011a、11-12)。

　これらの議論に見られるように、近年における子どもと子育て家庭を取り巻く環境の変化とそれに伴う子どもの育ちの変容や家庭、地域社会における子育て力の低下が社会問題となるなかで、それに呼応するかたちで、2000年頃から「保育ソーシャルワーク」という新造語が生み出されることになった。そこでは、「保育所は地域の子育て支援拠点として、保育所がこれまで発揮してきた専門性を軸に、子育て支援において『ソーシャルワーク』視点をもった実践を担うことが期待されている」(山本、2014a、105)と解され、保育ソーシャルワークという視点から、従前までの保育所における保育実践や保護者支援・子育て支援を捉え直して／深め直していくことがめざされていった。

(2) 保育ソーシャルワーク論の展開

　鶴宏史は、上述の動きを踏まえたうえで、「保育とソーシャルワークの融合」(鶴、2006、72)を志向して、生態学的視点(エコロジカル・パースペクティブ)に基づき、子どもの生活、保育所の役割・機能、保育士の役割を捉え直すことを提議した(鶴、2009、54)。すなわち、保育所の機能ないしは保育士の役割を、個人—家族—地域—社会という開かれたシステムのなかで捉えることの大切さを指摘した。そうすることで、「子どもの心身の健全な発達のために、保育実践においては主体性・自発性を育むような環境を構成し保育を行なうこと、さらに、保護者と協力・援助し、家族という場を安定させること、そして、地域において子どもが生活しやすい環境を形成する」(同、55)ことを通じ、保育士の社会福祉専門職としてのアイデンティティの確立をめざしたのである。また、それに向けて、子ども家庭ソーシャルワークの理論に依拠しつつ、具体的なアプローチとして、解決志向型家族ソーシャルワーク及び行動ソーシャルワークを採用した実践モデルを提示した(鶴、2006)。

　この鶴の議論に代表されるごとく、保育所におけるソーシャルワーク機能の拡大／深化のなかで、ますます多くの研究者や実践者によって保育ソーシャルワークの必要性と重要性が唱えられ、保育士の職務・役割についても、保育所内におけるミクロレベルの自己完結的になりがちな実践・援助を、メゾレベル、

マクロレベルへと拡大／意識していくことが時代的、社会的な要請あるいは関心事となっていった。

　2010年代に入って、伊藤良高・永野典詞・中谷彪らは、先行研究に多くを学びながら、保育ソーシャルワークをテーマとして、保育実践、保護者支援・子育て支援をめぐる諸問題を取りあげ、その現状と課題、展望について明らかにしようと企図した。(伊藤・永野・中谷、2011)。保育ソーシャルワークを保育とソーシャルワークの学際的領域（クロスオーバー）と捉え、その理論と実践の最前線において、保育、教育、社会福祉の視点からトータルに把握することをめざしている。伊藤は、「これまで蓄積されてきたソーシャルワーク論の保育への単なる適用ではなく、保育の原理や固有性を踏まえた独自の理論、実践として考究されていくことが望ましい」(伊藤、2011a、13) と述べ、新たな支援の枠組みとして保育ソーシャルワークを構築するというスタンスから、その定義や領域、主体の在り方について私論を展開した。そして、保育とソーシャルワークの専門性と関係性をどのように捉えるか、また、保育ソーシャルワークを中核的に担う専門職としての公証たる免許・資格をいかに位置付け、構想するのかを重要な課題として提起した（同、11-13）。

　このように、新たな理論創造のもと、独創性のある保育ソーシャルワーク論を模索していくという流れのなかで、2013年春頃から、保育ソーシャルワークの理論と実践のさらなる発展をめざし、保育ソーシャルワークに関する研究、実践並びに新たな人材の育成を図るため、その専門学会を立ちあげようとする機運が九州地方を起点に全国的に湧き起った。同年11月30日、「保育ソーシャルワークの発展を期し、保育ソーシャルワークに関する研究及び交流を図り、もって、子どもと家庭の幸福の実現に資する」（会則第3条）ことを目的として、日本保育ソーシャルワーク学会が創設された（初代会長：伊藤良高）。同学会の設立を記念して、2014年秋には、学会の叡智を結集した日本保育ソーシャルワーク学会編『保育ソーシャルワークの世界——理論と実践——』（晃洋書房、2014年。「改訂版」は、2018年）が刊行された。

　同書のなかで、山本は、次のように叙述している。「日本において保育ソーシャルワーク機能が求められてきた経緯があり、またその必要性が広く認知され、学術的な追究が始まっている」(山本、2014b、8) ものの、「現状では『保育

ソーシャルワーク』について明確な定義が存在しているとは言えず、模索が続けられている状況である。保育ソーシャルワーク研究は途についたばかりである」(同)。すなわち、保育ソーシャルワークの理論と実践は、あくまでも論として、様々な視点から多様な議論がなされているただ中にあり、学問としての組織化や体系化はまだ先のことであるという指摘である。この指摘は、保育ソーシャルワーク論の台頭から20年近くが経った2010年代後半にあっても、状況認識としてはまさに正鵠を射ていると思われる。したがって、保育ソーシャルワーク論の展開として、「今後も多方面から保育ソーシャルワークのアプローチが行われていく」(同)なかで、「理論構築とともに、科学的実践として保育ソーシャルワークを位置づけるべく、エビデンスの積み上げを図る努力を行う」(同)ことが求められているといえるであろう。

　大別して、アプローチの仕方とは、保育を基点にソーシャルワークに向かうのか、それともソーシャルワークを基点に保育に向かうのであろうか。その解は論者のスタンスや視点によって異なってこようが、おそらくは、両方のアプローチがあってしかるべきということになるであろう。しかしながら、その場合にあっても、鶴が述べているように、保育とソーシャルワークの「両者に共通する認識枠組み(援助の視点や専門職的価値なども含めて)を追求した方が有効である」(鶴、2009、54)と考えていくことが肝要である。

2 ｜ 保育ソーシャルワークの定義と意義
　　　　——保育とソーシャルワークの統一(交錯と融合)をめざして——

(1) 保育ソーシャルワークの定義

　以下では、保育ソーシャルワークとは何かについて、その定義から考えていくことにしたい。一般に、定義という場合、「物事の意味・内容を、ことばではっきりときめること。または、それを述べたもの」(金田一京介他編、2007)などといいあらわすことができるが、保育ソーシャルワークの在り方を検討していくさいに、まずは、定義そのものを問うていくことが求められるであろう。なぜなら、保育ソーシャルワークとは何か、その本質または真諦とはいかなるものであるかといったことが明確にされることによって、その意義や役割、領

域、対象、機能、主体などが自ずと決まってくるからである。

　今、手元にあるいくつかの保育、社会福祉、ソーシャルワークに関する辞典を見てみると、管見の限りでは、保育ソーシャルワークを独立した項目として取り上げているものは存在せず、否、ワードとしてもまったく記載されておらず、学問用語としていまだ成立したものとしてみなされていないことが読みとれる。多くのケースが、例えば、森上史朗・柏女霊峰編『保育用語辞典（第8版）』（ミネルヴァ書房、2015年）のように、「保育」と「ソーシャルワーク」を別々に論じているという状況になっているのである。

　では、保育ソーシャルワークを研究している論文にあってはどうであろうか。全体を俯瞰すれば、やはり、先の山本の見解のように、今日においてもなお明快な定義は存在しておらず、一定の共通基盤（議論の土台）となるものを創造しようとする試みが続けられているといえるであろう。しかしながら、他方では、これまでにいくつかの注目すべき議論も提示されてきている。以下、その主なものを発表年代順に列記しておきたい。

① 「一人の子どもを家族全体で理解して、その福祉を保証する視点を持ち、子育てに関する社会資源を活用、調整しながら問題解決を図る方法論をいう。加えてそのプロセスを通して保護者とともに解決していく姿勢で、個人と社会との結びつきを視野に入れた保育活動」（橋詰、2005、99）

② 「個別援助活動、社会資源の開発、福祉的地域社会づくりの3つがソーシャルワーク援助のポイント…。いわゆる保育ソーシャルワークは、その一連の活動を保育分野において行うもの」（柏女、2008、98）

③ 「保育所における援助活動を社会福祉援助実践から捉えたもの、あるいは子ども家庭福祉実践から捉えたもの」（鶴、2009、54）

④ 「子どもと保護者の幸福のトータルな保障に向けて、そのフィールドとなる保育実践及び保護者支援・子育て支援にソーシャルワークの知識と技術・技能を応用しようとするものである、といえるであろう。ただし、これまで蓄積されてきたソーシャルワーク論の保育への単なる適用ではなく、保育の原理や固有性を踏まえた独自の理論、実践とし

て考究されていくことが望ましい」(伊藤、2011a、13)
⑤「保育所保育・子育て支援に関連した支援だけでは課題解決が困難な場合、ソーシャルワークを用いた支援を担当する。…総体として、子どもの権利実現、及び子育てに支援的なコミュニティの実現を目指す」(土田、2012、213-214)
⑥「子どもに対する日常の保育、子どもの保護者への支援等においてソーシャルワークを応用し実践を行うもの」(山本、2014a、105)
⑦「児童及びその保護者等を対象に、保育士等により保育所や子育て支援センター等を基盤として行われる総合的な自立支援をめざす福祉的活動」(櫻井、2016、73)

　これらの定義は、各論者が依ってたつ固有のスタンスや視点に基づいてなされており、それぞれが、保育ソーシャルワークの本質、真諦の一側面をうまく穿っているということができよう。しかしながら、保育ソーシャルワークの定義付けにあたって、これまで多くの研究者や実践者は、「保育所におけるソーシャルワーク活動」あるいは「保育士によるソーシャルワーク」と認識してきている傾向があるが、仮にそのコアな部分を保育所・保育士として措定するとしても、はたしてそれらに限定されるものであるか否か検討される必要があろう。というのも、近年における特別な配慮を必要とする子どもと子育て家庭の増加など、保育ソーシャルワークの理論と実践は内容や程度の差こそあれ、保育施設（さらには、地域の子ども・子育て支援事業）及び保育者全般に広く共通するものとなってきているからである。
　ここでは、先行する定義に学びながら、保育とソーシャルワークの統一（交錯と融合）をめざして、「子どもと保護者の幸福のトータルな保障」「専門的知識と技術」「保育施設や地域社会」「特別な配慮を必要とする子どもと保護者に対する支援」をキーワードとして、次のように定義しておきたい。すなわち、「保育ソーシャルワークとは、保育とソーシャルワークの学際的・統合的な概念として位置づけられ、子どもと保護者の幸福のトータルな保障をめざし、その専門的知識と技術をもって、保育施設や地域社会における特別な配慮を必要とする子どもと保護者（障がいや発達上の課題、外国にルーツをもつ子どもや

家族、育児不安、不適切な養育、虐待や生活上の課題）に対して行われる支援である」（伊藤、第3巻第5章）と。構成的には上記の④をベースとしつつ、主には③、⑥、⑦を反映したかたちで、目的、領域、対象、内容を規定したものとなっている。ただし、この定義をもって、保育ソーシャルワークという営みを的確に表現できたとは考えておらず、あくまでも現時点における1つの提案としておきたい。いかなる定義もまた、歴史的、社会的な状況のなかで変化するものであるとしたら、本定義も暫定的なものに過ぎず、日々見直され、改良されていく、あるいは抜本的に修正されていくことが不可避である。

(2) 保育ソーシャルワークの意義

では、保育ソーシャルワークという新造語を用いることで、保育学界及びソーシャルワーク学界並びに保育所等保育現場において、いかなる理論上かつ実践上のメリットが生じるのであろうか。ここでは、保育ソーシャルワークの意義について、2点、指摘しておきたい。

第1点は、保育ソーシャルワークという視点から、これまで保育所等保育現場において取り組まれてきた「保育」または「保育実践」の意味や内容、在り方を捉え直す／深め直すことができるということである（伊藤、2011b）。

保育または保育実践とは何かについては、そのこと自体が大きな論争的なテーマであるが、一般に、前者については、「広義には保育所・幼稚園の乳幼児を対象とする"集団施設保育"と、家庭の乳幼児を対象とする"家庭保育"の両方を含む概念として用いられているが、しかし、一般には狭義に保育所・幼稚園における教育を意味する用語として使用されている」（森上・柏女、2015、1）などと、また、後者については、「保育所・幼稚園・認定こども園等保育施設において、子どもの最善の利益を考慮しつつ、保育士・幼稚園教諭等保育者が、子どもの発達保障及び生存・生活保障をめざして取り組む保育活動・教育活動」（伊藤、2011、17）などと定義付けられ、説明されたりしている。

こうした保育学界及び保育所等保育現場における概念理解に対して、ソーシャルワークの領域では、ときとして保育または保育実践は、「ケアワーク（ケア労働）」と呼称されたりする。ここでいう「ケアワーク」は、それ自体が多義的な意味あいを持つものであり、今日においても統一された定義がなされ

ているわけでない。しかしながら、このワードを用いることで、土田の表現に従えば、例えば、「保育所のケアも、基本的にはこの社会福祉領域のケアの一領域であるケアワークとして実施されるべきであろう」（土田、2012、90）といった視点が形成され、そして、そこから、「子どもの視点に立ち、その生活全体を視野に入れたケアワークの不在が、過去において『保護者の変化や社会的な保育要請に気付かない』状況に保育所を留めてしまったのではないか」（同、98）といった見解が提起されることにつながってくる。すなわち、「社会福祉の価値に基づいたケアがケアワークである」（同、97）と捉えたときに、それらが「対象が0歳から6歳という発達段階の子どもであることに独自性をもち、子どもの成長・発達を支援し、社会福祉の価値に基づきその最善の利益を保障しようとする営みである」（同、90）ことに気づかされるのである。保育ソーシャルワークの視点から、養護（生命・生存・生活保障）と教育（成長・発達・人格形成機能）が一体となった保育または保育実践のもつ意義がより一層リアルなものになってくるといえよう。

　第2点は、第1点と表裏の関係にあるが、保育ソーシャルワークの視点から、これまで保育所等保育現場において取り組まれてきた「保護者支援」または「子育て支援」の意味や内容、在り方を捉え直す／深め直すことができるということである（伊藤、2011a）。

　ここでいう「保護者支援」または「子育て支援」は、保育領域における保護者支援・子育て支援を新たな領域として位置付けようとする議論が積極的に展開されてくる1990年代後半以降生み出された現代用語であり、その営みは、保護者支援・子育て支援の中核施設として保育所が位置付けられて以降、特に保育士資格が国家資格化（法定化）される2001年前後のことであるというように理解されることが少なくない。しかしながら、塩野谷斉が指摘するように、日本の保育実践や小学校教育実践において、「子どもたちの発達保障を願うときに、保育者や教育者は目の前の子どもたちの現実、家庭や社会の現実から目を背けてはならないし、それに正面から向き合おうとしてきた事実が戦前からあった」（塩野谷、2014、84）ということを確認しておく必要があろう。家庭と連携し社会へ開かれた目を持って活動する保護者支援・子育て支援は、戦前期から脈々と引き継がれてきており、最近になって始まったことではないのであ

る。だからこそ、「虐待や貧困の問題を抱えている家庭もあるし、地域社会から孤立した家庭もあって、保育現場内での保育者たちの努力だけでは幼い子どもたちの発達保障が十分に行えない場合が少なくない……。保育者の仕事はケアワークが中心と捉えられているが、それ以上の営みを放棄しては、結局のところ、子どもの育ちを支えられないこととなる」(同、85)といった見解も表明されることになるといえよう。

　ところで、一般に「ソーシャルワーク」とは、「社会福祉の実践体系であり、社会福祉制度において展開される専門的活動の総称。過去には社会事業と訳されたこともあったが、現在ではそのまま使われ、社会福祉における方法の体系として用いられる」(山縣・柏女、2013、251)、「社会変革と社会開発、社会的結束、および人々のエンパワメントと解放を促進する、実践に基づいた専門職であり学問である。社会正義、人権、集団的責任、および多様性尊重の諸原理は、ソーシャルワークの中核をなす。ソーシャルワークの理論、社会科学、人文学、および地域・民族固有の知を基盤として、ソーシャルワークは、生活課題に取り組みウェルビーイングを高めるよう、人々やさまざまな構造に働きかける(この定義は、各国および世界の各領域で展開してもよい。)」(国際ソーシャルワーク学校連盟・国際ソーシャルワーカー連盟、日本社会福祉教育学校連盟・社会福祉専門職団体協議会訳、2014)などと多義的に定義付けられているが、こうした概念から、これまで保育所等保育現場において取り組まれてきた保護者支援・子育て支援に新たな光を当てていくことが求められる。保育ソーシャルワークという視点から、保育または保育実践と深く結びついた保護者支援・子育て支援の持つ意義がより一層明らかになってくるといえよう。

　このように、保育ソーシャルワークの意義とは、保育とソーシャルワークの相互の関係性または連続性を強く意識させるものにほかならないと考えることができる。

3 | 保育ソーシャルワークをめぐる課題と展望
——学としての構築に向かうための道標を考える——

（1）保育ソーシャルワークをめぐる課題

　まだ、論としての形成途上にあり、学としての構築（組織化と体系化）に向けての模索を続けている保育ソーシャルワークにおいて、何が当面の課題となってくるのであろうか。また、その展望はいかなるものであろうか。

　上述したように、保育ソーシャルワークをめぐる主な課題の1つとして、保育とソーシャルワークの専門性と関係性をどのように捉えるのかということが挙げられる。この課題に関して、鶴は、その論点として、「保育（ケアワーク）とソーシャルワークを異なる専門性として捉えるのか、あるいは、両者の連続性をどのように捉えるかにある」（鶴、2009、48）と述べ、石井哲夫、野澤正子、土田美世子、網野武博、古川孝順、柏女霊峰、田辺敦子、金子恵美らの諸説についての考察を通じて、「保育（ケアワーク）とソーシャルワークの専門性、視点、技術のいずれかのレベルで捉えるかによって両者の関係性をどのように捉えるかは異なるが、基本的には両者がまったく関係ないものではなく、何らかの形において両者の連続性が確認された」（同、50）と指摘している。

　この研究成果から学べることは、保育とソーシャルワークは、それぞれが役割・機能や必要とされる知識・技術などにおいて固有といえる専門性を持っており、そうした意味あいにおいて、相対的に異なるものであると捉えることが正当であるということである。これを、ここでは、狭義の専門性と呼んでおきたい。しかしながら、同時に、保育とソーシャルワークはともに、そのめざすものが「人間の自己実現（権利保障、ウェルビーイング）」であったり、その用いる方法が「社会福祉の価値に基づく援助技術」であったりするなど、重なり合う部分が少なくないことを認識しておく必要があるということである。かかる意味あいにおいて、両者は、密接不可分な連続する関係にあるといわざるを得ない。それは、まさしく、例えば、「そもそも保育所保育は保育だけにとどまることはできず、保育がどのように子どもの福祉に貢献しているかと同時に、親の福祉に貢献するのかも問われなければならない」（鶴、2009、52）、「ケア

ワークとソーシャルワークは価値を同じくし、必要に応じて協働し、連続して提供されるべきである」(土田、2012、97) などと指摘されるところである。保育のなかにソーシャルワークにつながる部分があり、また他方で、ソーシャルワークのなかに保育につながる部分があるのである。これを、ここでは、広義の専門性と呼ぶことにしたい。保育ソーシャルワークとは、この広義の専門性、すなわち、保育とソーシャルワークが重複し共通する部分を直接のフィールドとし、その理論的かつ実践的な枠組みを設定するなかで、独自の学問体系を構築していくことが求められるといえよう。

　もう1つ、保育ソーシャルワークをめぐる主な課題として、保育ソーシャルワークを中核的に担う専門職としての公証たる免許・資格をどのように位置付け、構想するのかということが挙げられる。それは、保育ソーシャルワークを担う者は誰か、あるいはどこか、その主体を設定するということでもある。別の機会に述べたように、保育ソーシャルワークの主体をめぐっては、保育士を想定するケースが多いが、視点や論点の違いにより、所(園)長や主任保育士、社会福祉士等のソーシャルワーカー、養護系児童福祉施設に配置されるファミリーソーシャルワーカーを想定するものもある。また、保育士とした場合も、社会福祉士資格を併有する者に限定するなど、多様な議論が展開されている (伊藤、2011、14)。

　こうした状況にあって、伊藤良高・永野典詞・宮﨑由紀子らは、保育ソーシャルワークの視点から、保育とソーシャルワークについての専門性を持つ高度な専門職、あるいは子ども・保護者の育ちとライフコース全般を視野に入れ、子ども・家庭・地域をホリスティックに支援することをマネジメントする専門職としての「保育ソーシャルワーカー」養成の必要性と重要性を唱え、その構想と制度設計、当面する課題について提言した (伊藤・永野・宮﨑・香﨑・桐原・田添、2014)。そもそも、こうした職種が新たに必要であるのか、また、必要であるとしてもいかなるものとして構想していくのかについては多義的な議論が予想されるが、現行の保育士資格や幼稚園教諭免許状、社会福祉士資格などを視野に入れた制度設計は、保育ソーシャルワーカーの主体形成について大きな一石を投じることになった。

　同提言を受け、日本保育ソーシャルワーク学会では、2014年末、会長発案に

よる「保育ソーシャルワーカー養成研修（仮称）のあり方検討会」が設置された。そして、そこでの検討結果を踏まえて、2015年11月、学会認定資格「保育ソーシャルワーカー」が創設されることになった。ここにいう保育ソーシャルワーカーとは、「保育ソーシャルワークに関する専門的知識及び技術をもって、特別な配慮を必要とする子どもと保護者に対する支援をつかさどる者」と規定されている。この定義中の「つかさどる」とは、「保育所・幼稚園・認定こども園等保育施設及びその類似施設において、あるいは地域の子育て支援事業・活動において支援の中心的かつ専門的な役割を担うこと」を指し、また、その職務・活動内容は、子どもの育ちと保護者の育ちをトータルに支援するという観点から、「子どもに対する保育ソーシャルワーク実践や保護者に対する保育指導、子どもの保育に対する相談・助言、情報提供、関係機関・関係者との連携、地域における社会資源の調整、整備、開発並びに保育士・幼稚園教諭等保育者に対するスーパービジョンや保育実践への支援」などと定められている（伊藤、2017）。2016年度以降、「初級」「中級」「上級」[4] 3等級の保育ソーシャルワーカーの養成研修、資格認定・登録が始められており、今後の動向とその成果が注目される。

（2）保育ソーシャルワークの展望

　最後に、保育ソーシャルワークの展望について述べておきたい。保育ソーシャルワークのこれからを考えていくときに、保育所等保育現場において、保育ソーシャルワークの必要性と重要性が十二分に認識され、その実践（以下、「保育ソーシャルワーク実践」と呼称）に意図的、意識的に取り組まれていくためにはどのようにすればよいのか、その道筋を明らかにしていく必要がある。こうした問題意識にたって、保育所等保育現場により一層身近な親和性のある理論と実践モデルを構築し、普及していこうとする動きも現れている。

　その先駆け的研究者の1人である鶴は、厚生労働省「保育所保育指針」をもとに保育所保育の目的と機能を概観し、従前までの保育ソーシャルワークに関する議論をまとめたうえで、子ども家庭福祉ソーシャルワークを前提にして、保育ソーシャルワークの実践モデルを提起した（鶴、2009、63-92）。「保育ソーシャルワークを構築するにあたって留意すべきことは、保育の方法・内容と

ソーシャルワークの整合性を合わせていくことである」(同、67-68) というスタンスのもと、保育ソーシャルワークの依拠する理論として、バイスティックの7原則や解決志向アプローチ、行動変容アプローチ (応用行動分析) を掲げ、その評価として、保育の評価や社会性発達の評価、シングル・システム・デザイン、マッピングを提示した。また、伊藤良高・香﨑智郁代・永野典詞らは、保育所等保育現場により一層身近な親和性のある理論と実践はいかなるものであるか、また、それらをいかにして構築し、普及していくか、熊本県における地域子育て支援センター職員の保育ソーシャルワークに関する意識調査や、保育ソーシャルワーク実践についての園内研修の実践事例などを素材にしながら理論的かつ臨床的に考察した (伊藤・香﨑・永野・三好・宮﨑、2012)。そして、そのための具体的な方途として、ソーシャルワーク専門職など保育者の保護者支援・子育て支援をサポートできる人材の配置や園内におけるケース会議への関与、保育者に対するスーパービジョンの導入などを提言した。

　こうした保育ソーシャルワーク実践モデルの提唱について、その背景・要因にあるものは、「これまで保育現場にあっては、ソーシャルワーク (的) 実践の必要性・重要性は一定程度認識されながらも、実際にはなかなか明示的・意識的には取り組まれていないという状況があるのではないか」(伊藤・香﨑・永野ら、2012、2) という現状認識である。しかしながら、以下のような議論・解釈も出されていることを承知しておきたい。すなわち、櫻井慶一は、氏が保育ソーシャルワークの成立要素の1つとして位置付ける「個別的な自立支援計画」について、「しかしながら考えてみるまでもなく、……『個別的な自立支援計画』の策定はどこの保育所でも実施している日々の活動そのものの延長であり、個別的な配慮を要する児童への関わりについてもどの園でも必要に応じて他の専門機関等と連携してすでに進められていることである。問題はそのことを保育関係者が『ソーシャルワーク』として意識していない場合が多いということなのである」(櫻井、2016、75) と述べているが、確かにこの指摘にある通り、保育ソーシャルワークは、まさしく「何らかの特別な取り組みなのではなく、日々の保育実践の"意識的な"積み重ねだということができる」(今堀、2002、186) と捉えることも可能であろう。とするならば、保育ソーシャルワーク実践にとってきわめて大切であることは、保育所等保育現場における保育実

践及び保護者支援・子育て支援において、保育士等保育者（ないし職員集団）が保育ソーシャルワークの専門性を踏まえつつ、意図的、意識的に実践しようとしているか／できているか否かが問われているといえよう。

　保育ソーシャルワークの学としての構築に向かうための道標とは、このように、保育所等保育現場における保育ソーシャルワーク実践を精力的に積み重ねていくなかで、それらから経験的、臨床的に得ることのできた知識・技術、倫理などを「実践知」としてとりまとめ、そのうえで、一定の原理や法則性が認められるものを「理論知」として確定していくことが大切である。いわば実証的な知見・成果に基づいた保育ソーシャルワークの理論的・実践的研究の発展と深化が求められるところである。こうした保育ソーシャルワーク研究・実践のさらなる追究が、「親学問」といえる保育とソーシャルワークそれ自体の発展にも資することがおおいに期待されるといえよう。

おわりに

　保育ソーシャルワークとは、これまで保育所等保育現場において取り組まれてきた保育または保育実践並びに保護者支援・子育て支援に、保育とソーシャルワークのクロスオーバーという観点から学問的かつ実践的に新たな光をあてようとするものである。保育ソーシャルワーカーの養成、研修やその施設への配置をはじめ、今後における保育ソーシャルワークの世界の広がりが待たれる。

注
1）筆者は、現在（本章脱稿時。2018年3月）、日本保育ソーシャルワーク学会常任理事・会長という要職にあるが、本章で論述されている保育ソーシャルワーク論は、学会のそれを代表するものではなく、あくまでも保育学・教育学（保育制度・経営論）の視点からの筆者個人の見解に過ぎない。一研究者としては、学会にあっては、常に、保育ソーシャルワークとは何か、どうあるべきかについて、多様なスタンスや視点から自由闊達な議論がなされていくことが望ましいと考えている。
2）今回、分析の対象とした保育、社会福祉、ソーシャルワークに関する辞典は、一般に流布されている以下の7冊である（それぞれ発行年の新しい順）。①谷田貝公昭編集代表『新版・保育用語辞典』（一藝社、2016年）、②森上史朗・柏女霊峰編『保育用語辞典（第8版）』（ミネルヴァ書房、2015年）、③保育小辞典編集委員会編、宍戸健夫・金

田利子・茂木俊彦監修『保育小辞典』（大月書店、2006年）、④山縣文治・柏女霊峰編集委員代表『社会福祉用語辞典（第9版）』（ミネルヴァ書房、2013年）、⑤「シリーズ・21世紀の社会福祉」編集委員会編『社会福祉基本用語集（7訂版）』（ミネルヴァ書房、2009年）、⑥京極高宣『社会福祉学小辞典（第2版）』（ミネルヴァ書房、2003年）、⑦日本ソーシャルワーク学会編『ソーシャルワーク基本用語辞典』（川島書店、2013年）。

3）教育学者の久富善之は、「教育実践」という言葉は、日本の教師たちが発明＝創造したものであり、そこには、「教育という仕事（行為）をよりよいものにしようという志向をもった実践的活動」というニュアンスがあること、また、権力の教育支配に対する「政治性」と貧困な子どもの発達を支援するという「価値性」の両面性をもっていること、さらに、それが、日本の教員文化の要素となり、今日も引き継がれていることを指摘している。こうした指摘は、本章の内容にもつながるものであろう。（参照：久富善之（2017）「日本の教員文化がもつ教職倫理――その両面性と、「教育実践」という言葉――」『教育』第855号）。

4）ここでいう「初級」は、「保育ソーシャルワークに関する基本的な専門的知識・技術を有する保育ソーシャルワーカー」、「中級」は、「保育ソーシャルワークに関する高度な専門的知識・技術を有する保育ソーシャルワーカー」、そして、「上級」は、「保育ソーシャルワークに関する高度な専門的知識・技術を有する保育ソーシャルワーカー。さらに初級保育ソーシャルワーカー及び中級保育ソーシャルワーカーに対するスーパービジョンを担うことができる者」と位置付けられている。

引用・参考文献

石井哲夫（2002）「私説　保育ソーシャルワーク論」『白梅学園短期大学　教育・福祉研究センター研究年報』第7号。

伊藤良高（2011a）「保育ソーシャルワークの基礎理論」伊藤良高・永野典詞・中谷彪編『保育ソーシャルワークのフロンティア』晃洋書房。

伊藤良高（2011b）「保育ソーシャルワークと保育実践」伊藤良高・永野典詞・中谷彪編前掲書。

伊藤良高（2017）「保育ソーシャルワーカーの定義とは何ですか」日本保育ソーシャルワーク学会編『保育ソーシャルワーカーのおしごとガイドブック』風鳴舎。

伊藤良高・香﨑智郁代・永野典詞・三好明夫・宮﨑由紀子（2012）「保育現場に親和性のある保育ソーシャルワークの理論と実践モデルに関する一考察」熊本学園大学総合科学研究会編『熊本学園大学論集・総合科学』第19巻第1号（通巻第37号）。

伊藤良高・永野典詞・中谷彪編（2011）『保育ソーシャルワークのフロンティア』晃洋書房。

伊藤良高・永野典詞・宮﨑由紀子・香﨑智郁代・桐原誠・田添ゆかり（2014）「保育ソーシャルワーカー養成の構想と課題」日本保育ソーシャルワーク学会編『保育ソーシャルワークの世界――理論と実践――』晃洋書房。

今堀美樹（2002）「保育ソーシャルワーク研究――保育士の専門性をめぐる保育内容と援助技術の問題から――」『大阪キリスト教短期大学紀要　神学と人文』第42集。

柏女霊峰（2008）「保育指導の原理」柏女霊峰・橋本真紀『保育者の保護者支援――保育

指導の原理と技術——』フレーベル館．
金田一京介・佐伯梅友・大石初太郎・野村雅昭編（2009）『新選国語辞典』第8版，小学館．
国際ソーシャルワーク学校連盟・国際ソーシャルワーカー連盟（日本社会福祉教育学校連盟・社会福祉専門職団体協議会訳）（2014）「ソーシャルワークのグローバル定義（日本語訳版）」．
櫻井慶一（2016）『児童・家庭福祉の基礎とソーシャルワーク』学文社．
塩野谷斉（2014）「保育実践と保育ソーシャルワーク」日本保育ソーシャルワーク学会編前掲書．
土田美世子（2006）「エコロジカル・パースペクティブによる保育実践」『ソーシャルワーク研究』第31巻第4号．
土田美世子（2012）『保育ソーシャルワーク支援論』明石書店．
鶴宏史（2006）「保育ソーシャルワークの実践的モデルに関する考察（その1）——保育ソーシャルワーク試論（3）——」『神戸親和女子大学　福祉臨床学科紀要』第3号．
鶴宏史（2009）『保育ソーシャルワーク論　社会福祉専門職としてのアイデンティティ』あいり出版．
橋詰啓子（2005）「保育者による保育ソーシャルワーク導入に関する研究——保育実践場面からの子育てに関する問題意識——」『武庫川女子大学大学院臨床教育学研究科研究誌』第11号．
山縣文治・柏女霊峰編集委員代表（2013）『社会福祉用語辞典（第9版）』ミネルヴァ書房．
山本佳代子（2013）「保育ソーシャルワークに関する研究動向」『山口県立大学学術情報』第6号（社会福祉学部紀要　通巻第19号）．
山本佳代子（2014a）「保育所を中心とした地域連携の現状と実践的課題——保育ソーシャルワークの視点から——」『山口県立大学学術情報』第7号（社会福祉学部紀要　通巻第20号）．
山本佳代子（2014b）「保育ソーシャルワーク研究の動向と課題」日本保育ソーシャルワーク学会編前掲書．

第Ⅰ部　保育ソーシャルワークの思想

第1章
ソーシャルワークの歴史と思想

はじめに

　保育ソーシャルワークは、2014年に「日本保育ソーシャルワーク学会第1回研究大会」を迎えたことでもわかるように、2000年代に入って浮上してきた比較的新しい学問・実践の領域であるといえる。

　しかしながら、子どもを取り巻く営みとしての社会福祉（児童福祉、若しくはその原型としての救貧行政など）の歴史は少なくとも中世に遡ることが可能であり、また保育について言えば、その語が仮に英語でnurseryという語のもとに語られてきたものだとするなら、少なくとも14世紀にまで遡ることができる。ゆえに比較的新しいこの保育ソーシャルワークという領域についても、その成立史を少なくとも17世紀の児童福祉立法がなされた時代から振り返って検討していく必要があるように思われる。

　周知の通り、保育や子どもの教育という営みは、その時代の人々の生き方や思想に大きく左右されながら今日に至る。保育ソーシャルワークが学としては比較的新しい領域であるとしても、上述したように子育てと子どもの福祉についてはそれぞれ長い歴史が存在するのであり、保育ソーシャルワークに強固な理論的枠組みを提供していくためにも、歴史的・思想的研究は必要である。

　本章ではそのような課題に応えるため、子どもと、子どもの福祉の歴史を、近代以前に遡って辿り直してみたい。ソーシャルワークの歴史については、既に社会福祉を専門領域とする研究者による多くの研究が存在する。もちろんそれらは本稿にとっても重要な先行研究として位置付けられるが、一方でそれゆえに本章では単に社会福祉やソーシャルワークの歴史をたどることを課題とする必要はないだろう。ここではむしろ、よりミクロな視点から施設や行政の動

きに着目し、近代においてソーシャルワークの誕生を予感させる様々なエージェントや活動について、いささか粗いが、その姿を描いておきたいと考えている。それはある時は福祉のモデルとして、またある時は対象として立ち現れる「家族」であり、国家や社会的なものが「家族」や「個人」をその対象として活動するときに用いられる「教育」という手段であり、メアリー・リッチモンド（Richmond, M. E.）が『社会診断』の参照軸とした精神医学——それは精神衛生運動から影響を受け近代教育も多大なる影響を受けることになるが——である。

本章ではそれらの姿を、17世紀イングランドにおける「児童養護施設」の運営、「福祉行政」としての17から18世紀フランスのポリス、19世紀の「社会的なもの」としてのソーシャルワークとその具体的な活動の1つである「訪問衛生教育」、それらの歴史を辿りながら、祖述していく。そして最終節では、その成立以来揺らぎ続けるソーシャルワークと、そのアポリアについて論じていく。

1 社会福祉のはじまり
——初期近代イングランドにおける子どもの"福祉"を中心に——

（1）初期近代イングランドの社会福祉政策
——初期近代イングランドの社会と家族——

当時の家族や子どもが生活していた姿を明らかにしていくうえで、まず社会的・経済的状況について述べておく必要があるだろう。16世紀以降のヨーロッパでは貧困が大きな社会問題として浮上していたが、それはイングランドにおいても例外ではなかった。それまでには見られなかったほどの人口の急激な増加と、世界史上よく知られた囲い込み（第1次）、新大陸からヨーロッパにもたらされた銀による価格革命などを背景とした、食料品をはじめとする物価の高騰が、貧困の要因となっていた。17世紀の後半以降は落ち着きを見せてきたものの、食料の価格は15世紀を基準にすると、16世紀には3倍、17世紀には6倍に達した。もちろん2世紀にもわたる時代の中で物価の高騰は起こり得ることだが、一方で15世紀から17世紀の2世紀の間、労働に対する賃金は固定されたままで変動が少なかったことを考慮すれば、食料価格の高騰が相当に家計を圧

迫したことは想像に難くない。

さらにこの時代には階層間の格差の拡大も見られた。資源は経済的に上層に位置する人々に配分されていく一方で、インフレと囲い込みによって自らの土地を持たない労働者（レイバラーと呼ばれる下層の人々）が増大した。さらに16世紀末の不作とそれによる飢饉が追い打ちをかけ、1585年以降は食糧暴動が頻発し、1590年代からの30年間はイングランドにおいて重大犯罪が増加した時期であると言われている。このような社会状況から、この時代には浮浪者が数多く見られるようになり、その取り締まりと、対策のための立法が急務であった。イギリス史上の黄金時代（Golden Age）と称されたエリザベスⅠ世時代のイングランドは、黄金時代というその輝かしい名前の裏に、多くの社会問題を抱えていたのである。

この時代のあるべき家族像について知るための素材として、家政論文献群は好個の史料である。初期近代イングランドにおいては数多くの家政論が出版されるが、この家政論とは、家を統治・管理するためのおよそのあらゆる知識が詰め込まれた文献のことである。ローレンス・ストーン（Stone, L.）が16、17世紀のイギリスを、「家父長制核家族の時代」（1550～1700年）と名付けたように、家政論文献群は初期近代イングランドの家族像を象徴付けるテクストであったといえる。

（2）家族の内側と子ども

ではこの家政論において語られる「家族の内側」の論理とはどのようなものか。まず取り上げるべきは、結婚の推奨と、結婚に基づく性行為の推奨である。バイアーも指摘するように、女性が浮浪者となる3つの原因（自分を捨てた夫を探す者、売春婦、未婚で妊娠した少女）のうち、2つは性に関するものである。また婚外子には正当な権利が認められず、しばしば親からも見放され、浮浪のうちに病死したり、運よく成長しても大人の窃盗などの手伝いをさせられたりする運命になることもしばしばあった。それゆえに結婚を強く勧める家政論においては、浮浪の原因となる性道徳の乱れや、その結果としての婚外子の増加を結婚によって防ぎたいという意図がみられた。簡単に言えば、性の乱れによって生じていた女性や子どもの貧困という問題を、結婚の推奨によって解決を目

指したのである。また男性の側では浮浪の原因となる「怠惰」の1つとして女性を誘惑することが挙げられており、男性の側からでも女性の側からでも、性道徳の乱れは浮浪と関係していると考えられていた。

例えばヘンリー・スミス (Smith, H.) は「婚外子は女の尊厳を損なうもの」「結婚で生まれた子どもは自由 (Libeli) [sic.] と呼ばれる」(Smith, 1591, 5) など、結婚のもとに子どもを産むことを奨励している。またウィリアム・ウェイトリー (Whatly, W.) は「(結婚は) 人類の苗床 (seminarie of mankind [sic]) であり、教会の養育所 (nurcerie of the Church [sic]) だ。それがなければ世界は1年のうちに終わってしまうか、さもなければ非嫡出子で溢れかえることになってしまう。この泉（結婚）から嫡出の子どもという清らかな小川が流れだす」(Whatly, 1624, 22-23) と同様に婚外子をつくることを戒めている。家政論著者たちは、家政論や説教を通して結婚して家族を築くことの重要性を説き、浮浪者が増加する不安定な社会に対処しようとしていたのかもしれない。

（3）家族の「外側」の子どもたちと、児童福祉政策

初期近代当時のイングランドは、貧困や浮浪だけではなく、婚外子の出産においてもピークに達した時期だと考えられている。そうして生まれた子どもは、親が「私生児を生んだという汚名」を避けるためにはるか遠くに捨てられた（そのようにして少女の出身教区と父親は母親と子どもを扶養する責任から逃れ得た）。中には路上や教会の玄関で子どもを産み、そして街路や街道で子どもに乳を与える女性もいたという。また子どもはしばしば売り買いされ、犯罪の手先にも使われた。浮浪者の中に若者が多かったことも問題であった。地域にもよるが、浮浪者の半数以上が16歳以下の者であることも珍しくなかった。

ところでイングランドの児童福祉制度史を詳細に分析した桑原洋子によれば、本章の対象とする初期近代はイングランドにおいて児童保護法の形成期に当たるとされる。そして当時の児童保護立法は、貧困と犯罪を同一視した「貧窮児童の処罰」のための法律という性格が鮮明であるという。それまでの児童立法は保護的性格が強いものであったが、テューダー朝期に入ると、貧困家庭の児童少年が犯罪予備軍とみなされ、保護よりは取締と処罰という処遇の対象となる（桑原、1989、12-13）。ヘンリー8世の時代における1531年法、1536年法に

おいては、児童に対する処遇においても、救済（Relief）というよりは浮浪の取り締まりの側面が強かった。1536年法では、浮浪・乞食をする児童を徒弟に出すことにしたが、奉公先でも牛馬に等しい扱いを受け、死亡したり逃亡したりする例が絶えなかった。さらにエドワード6世時代の1547年法では、「救済（Relief）があるにもかかわらず残虐立法の見本として知られている」（桑原、1989、18）と評され、例えば貧窮児童については「親方のところから逃亡した教区徒弟は奴隷とし、親方に反逆する徒弟に対しては死刑もしくは終身奴隷とする」など厳罰主義に基づいていた。そのような状況への対抗策は、教育と就労である。子どもがそのような状態に陥る前に、貧しい子どもたちには教育が行われた。父の無い男児のための授産学校である青衣学校（Bluecoat School）が設立され、1553年にはファン・ルイス・ヴィヴェスの提言を受け、貧窮児童を成人の貧民から分離して救貧院に収容し、集団的な職業訓練を行うことが決められた。

例えば M. S. なる人物は *The Poore Orphans Court, or Orphans Cry*（London, 1636）で、教区や貧民監督官による貧民救済を徹底することを主張した。貧民監督官をはじめとする救貧行政に携わる役人が、その責務を全うすれば、街路で「野垂れ死に」をするような子どもはなくなるはずである、という力強い議論である。そしてその具体的な方法はアメリカ植民地での雇用であった。

では救貧行政にそのような重い責任をもつ貧民監督官は、どのようにして貧しい子どもたちに向き合っていたのであろうか。時代はやや逆行するが、1535年のウィリアム・マーシャルによる *The Forme and Maner of Subvention for pore People Practiced at Hypres*（London, 1535）には救貧行政に携わる人々に求められた姿勢が描かれている。

　　彼ら（貧民監督官）はすべて、我々の市の貧民たちに対して普通の親のようである。貧民たちに対して養子に接するような父の親切心で向き合い、彼らに食事や、飲み物、衣服や他の必需品を必要に応じて欠くことなく与えるのである（William, M., 1535, C ii）。

ここから看取されるのは、父による救済のイメージである。貧民監督官は父

のような優しい心で貧しい人々や、貧しい子どもに向き合い、まさに父が家族を養うかのごとく、貧しい人々を救済していく。

また山本真美によれば、17世紀における児童の保護と養育の在り方は「孤児を含む児童の世話に関する責任は、徒弟奉公を強制的に行うことで果たされ」(山本、2003、55-67、59) るというものであった。徒弟奉公に出されれば、親方は文字通り親代わり (in loco parentis) となり、子どもは「家族」を体験することができた。家族の内側にとどまることを許されず、貧困にあえぐ者たちを救済するものもまた、家族を擬したものだったのである。

(4) 17世紀イングランドの児童養護——『子どもと幼児の施設の報告書』より——

エリザベス救貧法 (1601) における貧民の子どもに対する対処の主な特徴は、教区幼児 (Parish Infant) と呼ばれた子どもたちを、治安判事の監督のもと各教区の救貧院などで養育するものであった。

一方で乳原孝によれば、17世紀後半には貧民に関する書籍が数多く出版され「『貧民学』とでもいえるような言説を形成した」(乳原、2002、95) 時代であるとのことである。この時代にはリチャード・ヘインズらの提唱したワークハウスが建設され、ワークハウスは、「すべての貧民の子供たちを勤勉な人間の育てるための養成所」になりえる、と考えられ、少なからず子どもに関心を寄せられていた (乳原、2002、137-138)。

だが17世紀後半の子どもの保護に関する研究では、ワークハウスや、クライスト・ホスピタルなどの救貧院の研究に進展がみられる一方で、実際に児童を保護し養育した施設 (今日的な表現では児童養護施設となろうか) の様子については、管見の限り具体的な史料が取り上げられた研究は限られている。子どもを保護する施設において、子どもがどのように養育され、また子どもがいかなる状態になることを目指して養育されていたかを、具体的な史料から分析する作業は、子どものソーシャルワークの原型として行われていた営みを明らかにしていくうえで欠かせない作業である。ここでは保育 (nursery) を行う、父や母のいない子どものための施設についての報告書をもとに、その様子を覗いてみよう。

1686年に出版された子どもの施設に関する史料の原題は、*An Account of the General Nursery or Colledg of Infants,* であり、直訳すると「総合的な保育施設、

もしくは幼児の共同施設の報告書」とでもなろう。しかしながら直訳では史料の内容が伝わりにくいため、その内容に基づいて本稿では以下『子どもと幼児の施設の報告書』とする。著者は不明（Anon）であり、その記述の背景にはなお余白を残すが、その内容はかなり具体的であり、当時の施設の状況を知るためには好個の一次史料である。

　この施設はロンドン近郊に建てられた大きな家である。教区の世話にゆだねられた、貧しく、父や母のいない子ども（Infants）を受け入れ、育てるために、ミドルセックスのいくつかの教区費用で建てられたものであり、治安判事によって5000ポンド以上の費用が費やされた。そして宗教と徳を教え（instruct）、正直な生活を労働によって得ることができるようにすることを、目的としていたのである。その対象は「父親や母親のない子ども」の他、「子どもを育てる責任と困難をもつことで生活費の多くを奪われる貧しい者（の子ども）」「住居からいなくなることを引き起こす船乗りや市場に出る人（の子ども）」そして「家を維持することがかなわないもの、子どもの世話をすること、育てることができないもの（の子ども）」（以上、括弧内筆者）であるとされた。

　着目すべきは、その運営方針として挙げられる16の項目の約3分の1において「教師」「教育する」という言葉が用いられており、様々な規則があるなか、特に印象深く刻まれるのが「教育」を重視する姿勢である。例えば「若者の生活の維持と教育（Education）のために、多くの慈善と喜捨による費用が作られる。しかし、自らを養える、または養われる子どものための衣食住の便（Convenience）と教育（education）、世話をすること、はまだ考えられていない。」という項目が見られ、また「書き方の教師がいる。すべての子どもに書き方を教える」「女の子（Girls）のための教師がいる。読み方を教え、祈りとカテキズムを教える」とされ、さらにしつけも含めた教育の必要性が繰り返し述べられる。この慈善的な施設に対する寄付を募る口上にもその姿勢は現れる。「この教育（Education）によって、必要とする人々に、われわれはよりよい臣民、よりよい主人、よりよい徒弟と使用人を確証できる。そしてこの良い仕事につれて、多くの提案は作られ、一定の満足な資金で保障された少額のお金で、子どもが完全に養われる」として、寄付を呼び掛けている。

　以上、ここまで初期近代イングランドにおける子どもの福祉について見てき

たわけだが、それはモデルとしての家族と、方法としての教育に象徴される。家族のもとで暮らすことができない子どもは、教育によって就労可能な大人へと成長する。そして自らは家族を形成し、貧困の連鎖を繰り返さないことが目指されるのである。

2 ソーシャルワークの生成と拡大
――福祉・医療・教育――

(1) 家政学的家族の統治から、福祉行政国家へ
――ポリス論の対象としての〈生〉と家族――

第1節で論じた17世紀における児童養護は、「家族（family）」に模した関係性において、家族イメージに浸らせた中で「教育」を与えることをその中心に据えて展開されたが、18世紀においては、「家族」は福祉行政のモデルから対象へと移行しているように思われる。

18世紀における福祉は、もはや教区の人々の責任に帰せられるのでも、貧民監督官に過剰な責任を負わせるものでもない。中央集権的な行政国家が出現しようとする中で、貧しい人々への配慮を実現しようとした1つの形は、「福祉行政」とも「警察」とも訳されるドイツにおけるポリツァイ（Polizei）、フランスにおけるポリス（Police）として立ち現れる。ヘーゲルによれば、このポリツァイの対象は治安、交通、物資の流通・供給、教育、衛生、救貧、植民といった広範な領域にわたり、「現代福祉国家を支える行政実務の実質的な核心を担うもの」だという（白水、2004、9）。

18世紀のフランスにおいて、ポリス行政を統括していたのは、イギリスのような教区の貧民に対処する貧民監督官ではなく、大都市パリを貧民監督官より遥かに巨視的な視点で睥睨する「ポリス総代官」であった。そのもとに王国検事、ポリス親任官、視察官、スパイ、密偵、夜警隊といった様々な役人が配置され、さらに乳母管理局にはポリス関係者の他、医師、家庭監視員なども勤務していた。実際、このような人々がソーシャルワークの原型ともいえるような活動を担う。ポリスはこれらの人々の手によって、家族を主な対象とし、社会の周縁に住まう人々――娼婦、貧民、そして産婆、乳母、子ども――などの

「生」を引き受け、それらの人々が何かしらの手立てをもって生きていくことを可能にするための「仕事」を行っていた。

白水浩信は、ポリスの末端で行われていたその「仕事」について、詳細に明らかにしている。例えば産婆は妊娠した娼婦や、結婚せずに身ごもった娘たちを引き受ける。そしてさらに娘たちの名誉をスキャンダルから守ろうとすることにも余念がない。生まれてきた子どもに洗礼を受けさせ（洗礼を受けないまま亡くなった子どもは地獄に落ちないまでも、辺獄（limbo）に落ちると考えられていた）、親の懐具合や、意図によって乳母を斡旋し、場合によっては子どもを捨て子養育院に預けるなど、あらゆる面倒を見てくれる。また自分が預かる妊婦の名前さえ知らないままに出産させるなど、秘密を徹底的に守る。そのような産婆の仕事や、また「オテル・ディユ」と呼ばれた貧しい娘の出産用の施療院管理もポリスの対象であった（白水、2004、84）。

そして乳母にまつわる問題は、ポリス総代官の管轄下にある「乳母管理局（bereaux des nourrices）」によって管理され、乳母市場の調整が行われる。乳母斡旋業は、「子どもの扶養（conservation）と教育（éducation）に常に関心を払う国家の利益にとってあまりに重要である」（白水、2004、88）とされ、ポリスの重要な一部門に位置付けられる。乳母管理局に配属される家庭監視員は、「子どもが歩いた」「喋った」「不幸にして亡くなった」などの情報を常に収集する。ポリスはこの乳母の問題を足掛かりにして、母親とその育児への監視を強化し、「子どもを核とした家庭の医学化の最前線基地」（白水、2004、89）となったのである。

このようにポリスは「子どものソーシャルワーク」が誕生する以前のヨーロッパにおいて、福祉行政の最前線に位置し、人々の「生」の問題に深く携わっていた。その方法は、スパイが暗躍し、相互監視したり、市民からも密告がたびたび行われたりするなど、その後のソーシャルワークの仕事からは、やや想像し難いものがあるかもしれない。しかしながら福祉の歴史が「慈善事業」から「社会事業」へと単線的に移行したものではないことも、ポリスが実践した「福祉行政」を通して理解することができるだろう。

そして貧しい妊婦や乳母を必要としていた母、そしてその子どもたちの向こう側にポリスが見ていたものは家族である。ポリスは「貧困そのものを解決す

る根本的対策を講じるのではなく、個々の家族に働きかけ、教育を通じて社会的紐帯を強化していこうとした」(白水、2004、96) のである。初期近代において「守る」モデルであった家族は、ポリスによって介入を許し、「守られるべき」対象へとその地位をシフトさせる。そして守るための手段はやはり「教育」であった。

(2) 家族と社会的なもの――衛生、教育の対象としての家族――

ジャック・ドンズロ『家族に介入する社会』の冒頭では、「社会的なもの」の登場に際してその介入の対象となる家族が、次のように表現されている。すなわち「家族は、社会的なものの女王であると同時に、その囚人である」(ドンズロ、1991、7) と。その「女王にして囚人」に向かって、「社会的なもの」が、子どもの健康管理、少年裁判、家庭管理、学校、精神分析など様々な線として介入していくその有様を、ドンズロは描き出す。ジル・ドゥルーズは「社会的なものの上昇」(J. ドンズロ『家族に介入する社会』あとがき) において、次のように指摘している。

> ドンズロの方法は、新しい領域の一つの輪郭・面、あるいは特徴を作るためにそれぞれ作用しようとしている、継起的であるか同時的な、純粋で小さな系譜を浮かびださせようとするものである。社会的なものは、こうした小さな系譜のすべてが交叉するところに見出されよう。さらに、それらの線が包囲 (投資・備給) し、脱皮させるようにして作用する場を識別しなければならない。その場とは家族である。家族は、それ自体が進化の原動力であることができないというのではなく、他の媒介との接続によって必然的にそうなるが、それは他の媒介が家族に作用するために接続または交叉の関係に入る、ということと全く同じである (ドゥルーズ、1991、282)。

ドンズロが描き出すその線上にいるのが、学校や教師であり、そしてのちに浮上するソーシャルワーカーである。そしてその線上のものたちが「戦場」として交差する場が、「家族」なのである。18世紀のポリス論において守られる対象であった家族は、19世紀には、ついにその家父長主義的な殻を脱ぎ捨てることを余儀なくされる。教師は、その社会的使命として子どもを「家父長」か

ら引き離し、「子どもによって文明を家庭に浸透させる」ことを目的に「教育」を行うのである。

　そして一方では「社会的なもの」は、「子どもの健康」を賭金として、教育を手段として家族に介入していく。子どもを家父長から引き離す一方で母親の役割を強化し、子どもを媒介にして家庭を、家族を「教育」する。例えばそれは、ロンドンで19世紀後半に「訪問衛生教育」として現れる。周知のとおり現代の日本においても、厚生労働省が「乳児家庭全戸訪問事業（こんにちは赤ちゃん事業）」として、母子保健推進員等を中心に生後4カ月までの乳児のいるすべての家庭を訪問し、育児等に関する悩みを聞き相談に応じるほか、養育環境の把握や助言を行う活動を実施しているが、松浦京子によればその起源は19世紀中葉の女性篤志組織の活動に求められるという。児童福祉運動史、乳幼児死亡率の減少過程の歴史に位置づくこの活動では、育児の教育内容、育児に関する保健衛生知識が多く含まれたほか、実際には育児以外の広範な衛生知識を対象とし、それを個々の家庭に広めようとする（教育して）ものであったとされる（松浦、1993、87-104）。

　19世紀中葉のイギリスでは、サウスウッド・スミス（イギリス公衆衛生の父とされるエドウィン・チャドウィックの盟友である）や、ディズレイリなどの、有力貴族や政治家が参加して1844年に都市保健協会が設立された。この活動で「衛生改革は、社会改良・進歩に関わるという認識」がもたれたが、一方で衛生問題がより効率的に解決されるためには、衛生知識について無知であった労働者自身の改善協力が必要であり、それゆえに労働者への衛生知識を「教育」することが必要であると考えられたのである（松浦、1993、92）。

　1857年にロンドンに結成された衛生知識普及全国婦人協会は、中・上流階級の女性からなる会員が貧民家庭を訪問し、「心と扉を開かせる鍵」といわれた消毒剤と石鹸を配りながら衛生知識を広めた（松浦、1993、95）。その対象は貴重な消毒剤や石鹸を配られることで心を許した貧民家庭の女性であり、衣食住の基本的衛生知識の他、出産・育児・躾に関する知識も伝えられていた（松浦、1993、99）。「子どもが家庭で受ける実際的教育の方が、習慣の形成にあたっては学校教育よりもはるかに大きな影響力を持つ」（松浦、1993、102）と考えられていた当時、家庭の、それも女性・母親を中心に教育活動を行うことで、衛生

環境の改善を目指したのである。それは「子どもの生」に焦点を当てた、ソーシャルワークの原形の1つであるといえるだろう。

ドンズロはソーシャルワーカーの登場と、その目的について以下のように述べている。少し長くなるが、引用しておこう。

> 一九世紀末以来、一連の新しい職業が登場した。女性家庭訪問員・専門相談員、指導員である。彼らに共通の特徴は、ソシアルワークに従事しているということである。こうした仕事は実際にきわめて大きくなった。ソシアルワーカーは、二〇世紀の初めには、ほんの周辺的存在にすぎなかったが、社会体の文明化という使命の中で徐々に教師の代わりになり、教師の特権を継承したのであって、そのことは調査によって明らかになっている。（中略）彼らはひとつだけの制度と結びついているのではなく、すでにあった司法・福祉・教育の付録のようにつながっている。
>
> （中略）彼らはこうした社会の内部において、特権的な目的を目指している。それは、二つのかたちでの子どもの病理学である。ひとつは、望ましい養育・教育のいかなる配慮も受けていない、危険にさらされている子どもであり、もうひとつは、非行に走る危険な子どもである。ソシアルワークのあらゆる新しさ、あらゆる近代性はそこにあるだろう。つまり、子どもの問題に対する関心の増大、抑圧や慈善についてのそれまでの態度の反省、慈善という善意を効果的な方法の探求に置き換えることになるが、法的な制裁よりも理解を求めることに重点を置いた、境界のない教育への要求の増大、それらにおいてあらゆる近代性がある（ドンズロ、2003、112-113）。

3 ソーシャルワークの展開

（1）ソーシャルワークの展開

ソーシャルワークはイギリスに生まれ、アメリカで発展したといわれる。1870年にイギリスで誕生した慈善組織協会（Charity Organization Society, COS）もまたアメリカで発展し、展開を遂げている。なかでもその成立期においてメアリー・リッチモンド（Richmond, M. E.）が果たした役割は看過できない。

リッチモンドはソーシャルワーク研究の成果として『社会診断』(*Social Diagnosis*, 1917)『ソーシャル・ケースワークとは何か?』(*What is Social Case Work?*, 1922) などの著作を世に問い、ソーシャルワーク理論の体系化を図った。リッチモンドは「慈善から科学へ」と向かうことにより、ケースワークの理論化を進めたのである。リッチモンドの尽力によりソーシャルワーカーの専門職化が進むとともに、家族ソーシャルワークのほか、児童ソーシャルワーク、医療ソーシャルワーク、精神医療ソーシャルワーク、学校ソーシャルワークがそれぞれ成立し、それぞれの領域の中核にはソーシャル・ケースワークが存在するようになる。

岡本民生は2014年ソーシャルワーク学会において、リッチモンド以降のソーシャルワークの歴史について素描している。それによると、ソーシャルワークの1つの問題は、その焦点を「個人」にあてるか、あるいは当事者を取り巻く「環境条件」の改善におくのか、という点にあった。当初は生活困難を個人の内面の問題とし、改善の焦点は個人の「道徳的改良」に置かれていたが、19世紀の終わりに貧困が個人の内面の問題ではなく生活環境、労働環境、家族状況こそが問題であるという認識に移行すると、ソーシャルワークの関心も社会や環境に移っていく。

20世紀に入ると、精神分析がアメリカのソーシャルワークに大きな影響を与える。アメリカでは1935年には、ほとんどの全国の医学部で精神分析医が養成されるようになっていた。そしてソーシャルワーカーにとっては幸いなことに、当時は精神分析は精神科医師の独占業務とはならず、「臨床心理士とソーシャルワーカーも治療面接を行うことが可能とされた」のである。このソーシャルワークの「心理的傾斜」は、素人にでもやれる営みであるとみなされていたソーシャルワークに、専門化・科学化のインパクトを与えた。

しかし1950年ごろからは「ソーシャルはどこにいった」「リッチモンドに帰れ」の掛け声の下、「心理的傾斜」から、あらためて社会環境に視点が移行する。

岡本はさらに次のように続ける。

　　こうした歴史の中から改めてソーシャルワークは環境に目を向けるとと

もに学問的な基礎理論として、一般システム論、生態学からの問題把握と実践に向けての議論が浮上してきた。まさに「個体と環境の関係性」を科学する必要があり、「あれか、これか」の論理ではなく、「あれも、これも」の論理をきちんと科学的に裏付ける必要が生じ、生態学こそ新たな人間の生活問題をとらえる重要な理論だという視点が出てきた。1980年代のジャーメインとギッターマンによる「生活モデル」(life model)の提示、ステファンらによる「ジェネラリスト・アプローチ」の登場なども踏まえ、「リッチモンド, M., 以来、ソーシャルワークはさまざまな紆余曲折を経て発達し、展開され、(中略)文字通りソーシャルワークの焦点が個人の治療か、環境の改善かという焦点をめぐる右往左往の歴史であったと総括できるのではないか（岡本、2015）。

リッチモンド以前は、「家族」を対象に、「教育」することを方法として行われてきたソーシャルワークは、20世紀に入る頃から現在に至るまで、その対象が「個人」であるか「社会」であるかをめぐって「右往左往」し、そしてその手法も「あれもこれも」の時代へと突入する。

（２）ソーシャルワークの展開と「科学化」

初期のソーシャルワークに始まり、おそらく今なお続くソーシャルワークの最大の課題は、その専門性の確立と科学的技法の獲得である。青木紀は「1987年以来、社会福祉士＝ソーシャルワーカー ➡ ソーシャルワークという直線的な理解（読み替え）が置かれてきたとしても、その専門性の理解や、専門職としての社会的承認とも関連して、今日まで依然として「すっきりしない」議論を関係者に持たせ続けてきているのも事実だろう（中略）しかも、いくぶん深刻なことには、社会福祉を代表する大学などで編まれた学術書においても、堂々と社会福祉職やソーシャルワーカーにおける専門性の欠如や不明確さが指摘されている」（青木、2017、207-208）と指摘する。

ソーシャルワーカーの専門性獲得の歴史は、科学的方法をいかにして取り入れるかの歴史であると言える。楊鋥の指摘するところによれば、「リッチモンドにおいて「社会診断」の原型となるのは医学モデルであり、それを社会福祉

に応用しようという意図は明らか」(楊、2014、37) なのであり、リッチモンドは「社会事業において必要なのは臨床的調査であると考えて、科学のプロセスにおける観察や実験の重要性を強調し、『どのようにして、われわれは一つのテクニックを発達させるか』と述べ、その強い技術志向をあらわにした」のだとされる。上記した20世紀初頭においては、ソーシャルワークがフロイト (Freud, S.) にはじまる精神分析を取り入れ、「心理的傾斜」をみせたことは、このような「科学化」を目指すソーシャルワークの重要な戦略の1つであった。

リッチモンドの『社会診断』は精神分析の医学モデルを社会福祉に援用する意図があった、と楊は指摘する。『社会診断』において「社会診断」とは、「診断」であるため、「社会調査」と区別される。それは「あるクライエントの社会的状況とパーソナリティを、可能な限り、正しくとらえておこうとする試み」(リッチモンド、2012) であり、診断である以上、目指すものは「治療」なのである。

そしてソーシャルワークの「科学化」のためにリッチモンドが相談相手とし、ソーシャルワークにおける相談の技法から、ソーシャルワーカーの専門家、人としての在り方においてまで『社会診断』でたびたび引用した人物が、アドルフ・マイヤーであった (楊、2014、36-40)。マイヤーの言う「精神医学」とは「生」の研究を行うことであり、「「人間の全て (the whole man)」個々の患者についてのすべて、すなわち、社会的な存在としての個人の生活史の全てを明らかにしなければならない」(楊、2014a、112) のである。リッチモンドの『社会診断』の目次だけでもわかることだが、「第2部　社会診断へのプロセス」においては、「家族」をはじめとして、「一般外部情報源」「情報源としての親族」「医療情報限」「情報源としての学校」「雇用主と他の職業情報源」「文書情報源」「近隣情報源」「種々の情報源」「情報源としての社会事業機関」「手紙や電話による通信」などが情報源として現れ、ありとあらゆる情報から個人の全体を明らかにしようと試みられていたことがわかる。

またマイヤーの精神医学の究極の目標は社会改造であると楊は指摘する。「医学の目標は特別で、それ自体を不要にするということが目標である。今日では生命に影響を与える医学は、少なくとも次世代、そしてさらには将来では、単なる常識になる。現代の研究者の努力が明日の常識となるのは、われわれに

とって望ましいことである。このようなことは、われわれに関与する世界の真の客観的な本質となる」(楊、2014b、113) とマイヤーは述べ、精神医学を普及させ、次世代および将来の常識とすることで、社会の改造を目指そうとする姿勢を明らかにする。このような姿勢は、「社会改革とソーシャルワークは必然的に同時に進行していくので、全体の向上と個人の向上は相互に依存しあっている」(リッチモンド、1917、1) とするリッチモンドにも共有されるものであっただろう。リッチモンドはソーシャルワークを科学的な手法による専門職として確立させるために、方向性を共有し合えるマイヤーを、そして精神医学を参照していくことにするのである。

(3) ソーシャルワークのアポリア

しかしながら岡本民夫の上記講演におけるソーシャルワークへの課題提示は辛辣である。その一節を取り上げてみよう。

> 19世紀末からの社会調査を通じての生活困難の究明はソーシャルワークに大きなインパクトを与えた。さらに20世紀初頭、諸科学の急速な発達とともに人間にかかわる知見や法則が見つかるにしたがって、ソーシャルワークを裏付けるために「科学化」が進められた。ただその採り入れられ方が問題で、なんでもかんでも役立つものは採り入れろという意味での実用主義的な志向が強く、悪く言えば無節操な科学の応用が結果としてソーシャルワークの混乱を招くことになったのではないかと思われる。理論的にソーシャルワークがカウンセリング、サイコセラピーなど援助技術と相互に排他的で、独自・固有の技術を持っているかということになると、残念ながら曖昧である。歴史がそうさせたのだろうと思われるが、同時に理論を追求することにあまり関心がなく、実用主義的に使用価値が最優先される世界であるため、オリジナルな研究あるいはオリジナリティを究明する研究がほとんどなされてこなかった。(中略) 一方で、ソーシャルワークが「人間の生活全体」を対象とし、総合的に人間にかかわる営みであることから、それゆえに知の総合体として形成される実践 (であり、学といってもよいだろう) であるとの見解も見られる (岡本、2015、48)。

おそらくこのような「曖昧さ」「科学性に対する疑問」は人間を対象とする多くの実践諸学において共有されるアポリアであるとも言える。それは、保育学や、教育学についても決して他人事ではない。

おわりに
――保育ソーシャルワーク誕生前史として――

リッチモンドの将来を見通す視線は正しいものであったといえるだろう。リッチモンドは『社会診断』第1章で次のように述べている。

> ここに記された手順は、今の体系ではソーシャルワークの対象とはならない状況にも、応用すれば間違いなくあてはまる。社会診断という特殊な分野は、ソーシャル・ケースワークに本来尽くすべき役割がある。さらに、それは医療、教育、法学、産業の分野で必ず補助的な役割を果たすようになるだろう。ソーシャル・ケースワークは、こうした分野の知識を役立てる一方、逆に他分野に役立つ手法を発展させている（リッチモンド、1917、2）。

事実、ソーシャルワークは社会のあらゆる分野で、その補助的な役割を果たし、他分野に役立つ手法を発展させている。そしておそらくリッチモンドの時代にはまだ21世紀に至る現代ほどに広まっていなかった保育――その歴史については次章で述べていくが――、そこにおいてもその可能性が認識されつつある。

だが保育ソーシャルワークは離床して間もない領域である。先に取り上げた講演において岡本民夫が、ソーシャルワークの対象、方向性を問題として取り上げたように、保育ソーシャルワークにとってもその課題は残される（岡本、2015、49）。対象について言えば、ソーシャルワークが「個人」か「社会」かで右往左往したうえに、保育という領域には「家族」が重要なファクターとして再浮上する。また「精神分析」を1つの科学的手段として採用したソーシャルワークであるが、「教育」という手段と絶縁したわけではなく、保育ソーシャルワークにおいて実はそれは暗黙裡に位置付けられている。小玉亮子の指摘す

るところによれば、2008年改定の『保育所保育指針』において、保護者の「支援」には「指導」という意味が含まれて理解されているという[2]。保育ソーシャルワークにおける「方向性」が問われるとき、この指摘には耳を傾けるべきであろう。保育者が「指導」として、「指導する」保育者と「指導される」という一方向の関係性、いわば「教育」関係に自らと保護者を位置付けるのか、保護者を「連携」の対象として双方向の関係を取り結ぶのか、また「個人」「社会」「家族」という対象を、どのように整理して関係を取り結んでいくのか。産声を上げて間もない保育ソーシャルワークの在り方が問われるところである。

注
1）ソーシャルワークが精神分析をその科学的方法として採用した一方で、当時の学校教育も精神分析を取り入れ始める。
2）小玉亮子編著（2017）『幼少接続期の家族・園・学校』東洋館出版社、p.12。なお2017年改定の厚生労働省『保育所保育指針』においても、基本的にこの点に変わりはない。

引用・参考文献
青木紀（2017）『ケア専門職養成教育の研究——看護・介護・保育・福祉　文壇から連携へ——』明石書店。
乳原孝（2002）『「怠惰」に対する闘い——イギリス近世の貧民・矯正院・雇用——』嵯峨野書院。
岡本民生（2015）「ソーシャルワークにおける援助論の歴史とその継承」ソーシャルワーク学会基調講演（2014年）『ソーシャルワーク学会誌』第30号。
桑原洋子（1989）『英国児童福祉制度史研究』法律文化社。
白水浩信（2004）『ポリスとしての教育——教育的統治のアルケオロジ——』東京大学出版会。
ドゥルーズ、G.（1991）「社会的なものの上昇」ドンズロ、J.『家族に介入する社会——近代家族と国家の管理装置——』宇波彰訳、新曜社、あとがき。
松浦京子（1993）「一九世紀後半のイギリスにおける訪問衛生教育——衛生思想に見る「家庭管理のあるべき姿——」『西洋史学』通号170号、pp.87-104。
山本真美（2003）「イギリスの児童養護施策の変遷（１）——16世紀以前から17世紀まで——」『淑徳大学社会学部研究紀要』第37号。
楊鋥（2014a）『アドルフ・マイヤーの精神衛生運動——教育と習慣形成——』共同文化社。
楊鋥（2014b）「精神衛生運動と教育の歴史——「社会診断」とソーシャルワークを中心に——」『関西教育学年報』第38巻、関西教育学会。
Donzelot, J.（1977）La police des familles, Éditions de Minuit.（宇波彰訳『家族に介入す

る社会――近代家族と国家の管理装置――』新曜社、1991年)。
M. S.（1636）*The Poore Orphans Court, or Orphans Cry*, London.
Richmond, M. E.（1917）, *Social Diagnosis, Russel Sage Foundation*.（杉本一義監修、佐藤哲三監訳『社会診断』あいり出版、2012年）。
Smith, H.（1591）*A Preparative to Mariage*, London.
Whately, W.（1624）*A Care-Cloth or The Cumbers and Troubles of Marriage*, London.
William, M.（1535）*The Forme and Maner of Subvetion for Pore People Practiced at Hypres*, London.

第2章
保育の歴史と思想

はじめに

　本書のテーマである保育ソーシャルワークを論じるにあたり、第1章では「ソーシャルワークの歴史と思想」を扱ってきたが、本章では「保育」を歴史的視点から、特に家庭外での保育が行われるようになった経緯とその背景をたどり、現代において保育ソーシャルワークが浮上するに至る道筋を明らかにすることを目指している。従来、家庭外での保育の歴史については、欧米ではイギリスのロバート・オーウェン（Owen, R.）の「性格形成学院」や、フレーベル（Fröbel, F. W. A.）の創始した「一般ドイツ幼稚園」など、また日本においては1876年の東京女子師範学校附属幼稚園設立をその始まりとして（時に江戸末期の佐藤信淵の保育施設構想等に遡ることもあるが）論じられることが常である。つまり19世紀の社会変化や子ども観の変化の中で生じてきた施設保育の誕生をその嚆矢として論じられてきた。

　しかしながら筆者としては、現代の施設保育に直結するものとして近代以降の保育施設の生成と展開を論じることの重要性は認めつつも、それ以前の子どもの姿や、子どもが生活する様子、子育てや子どもの教育（それは家族の中であることもあれば、家族以外のこともある）を看過しては、家庭外の施設で保育を行う必要性が生じた理由を十分説明することは難しいと考える。また家庭の内外を問わず、近代以前の子どもを養い、育て、教えてきた営みの歴史を問うことなしに、近代以降の施設での保育の性質を論じることも難しい。つまるところ、本章の目的は第1章に続き、「保育」の歴史的生成過程をたどり直すことで、「保育ソーシャルワーク」が必要とされるに至ったその歴史的経緯を明らかにしていくことである。

そのために本章前半では、前章と同じく近代以前に遡り、子ども（特に乳幼児をその対象とする。ただし幼児期の終わりについては5～7歳とし、特に定めない）を養い、育ててきた姿を、まずは16世紀から19世紀にかけての家政論史料、子育て論等の史料分析をもとに描き出していく。また本章後半では近代以降の社会史、経済史等の先行研究をもとに、現代に至る家族とその生活の変化をたどり、イギリスを中心としたヨーロッパと、日本における保育の生成に至る道筋を明らかにしていく。

1 ║ 家族・子育て・社会
―― オイコノミアからエコノミーへ ――

（1）家政論の世界

近代以前のヨーロッパには、「家」を統治、経営するための学として「家政学」とも「家政論」とも呼ばれた学が受け継がれていた。このヨーロッパの家政論は古代ギリシアに端を発し、クセノフォン『家政論』οικονομικός（oeconomikos、オイコノミコス）、擬アリストテレス『経済学』οικονομικά（oeconomica、オイコノミカ）をルーツとする家（οικος, oikos、オイコス）の経営に関するありとあらゆる知識がつめ込まれた学である[1]。古代ギリシア社会においてポリスが政治的、公的領域であるのに対して、オイコスとは私的領域にして、生活物資を生産し、消費する場であり、生活の場そのものである。そしてこのオイコスの学を表すoeconomikos、oeconomicaは、近代以降における経済学（economy）、及び生態学（ecology）の語源となり、国民経済学が立ち上がる以前は、経済の学とはすなわちオイコスの学であった。

この家政論文献群は、主に「人」に関する部分と「物」に関する部分から構成され、「人」と「物」の統治についてのあらゆる学の複合体として書かれていた。もちろん子育てや、子どもの教育に関する知識もこの家に関する学の「人」に関する部分の中に含まれ、その知識が受け継がれていったのである。

古代ギリシアにおいて生まれた家政論は、中世以降も実践哲学の1つとして引き継がれるが、ルネッサンス後の初期近代のヨーロッパにおいて再び大きく脚光を浴びる。15世紀初めのイタリアでは万能人として知られたアルベルティ

(Alberti, L. B.)が『家族論』を著したほか、ドミニコ会の修道士ドミニチが『家政の指針』を著わし、都市の商人社会における家族の在り方について論じている。古代ギリシアの家政論が農業生産を基本としていたのに対して、これらは商業都市フィレンツェの実情に合わせた商人向けの家政論であり、初期近代の家政論文献群は、その時代や地域に合わせたものとして出版された。

16世紀以降のイングランドでは、イタリアで書かれた家政論の受容、古代クセノフォンの『家政論』の相次ぐ復刊に加えて、ピューリタンの説教師が新たに中心的な執筆者となって、伝統的な家政論にキリスト教道徳にもとづく家政論を融合させる形で数多く出版していた。当時を生きた人々は、文字を読めた人は書物から得た知識として、文字が読めなくても説教師である著者たちによる説教を通して、これらの教えに触れてきたことだろう。このような家政論を通して、聖職者や支配階級の人々は家族の在り方を広く示そうとしていた。

① 初期近代イングランドの家族生活

さて家政論が広まった当時のイングランド社会の様子だが、価格革命や囲い込みなどによって、食料品を中心とした物価の高騰が見られる一方、賃金の上昇が少なく、格差の拡大が進んだ時期であった。浮浪者も多く存在したことなどからブライドウェルなどの懲治監も作られるなど、下層の家族は分裂の危機に瀕していた。いわば、家族が危機を迎えていた時代でもあった。

多くの家族は「家族性的生産様式（domestic mode of production）」のもとでの小農家族（小規模農業家族）であり、自らの耕地を所有して家族の生活と農業経営を一致させた古代ギリシアに由来する家（oikos）の姿を彷彿とさせるものであった（マクファーレン、1990、27）。当時のイングランド社会では、子どもは10代前半のうちに、生まれ育った家を出て働く（徒弟制度、apprentice）ことが主流であり、奉公先がその子どもの新しい家族としての役割を担っていた。それゆえに当時の世帯（household）には血縁関係にない奉公人（servant）もそのメンバーとして含まれており、家政論においては夫による妻の統治、親による子どもの統治の次に、主人による奉公人の統治について述べられることが常であった。奉公先の親方は、文字通り子どもである奉公人に対して「親」としての役割を引き受け、「親代わり（in loco parentis）」となって、職業に関して教えただけではなく、キリスト教道徳にもとづいてカテキズムを教えるなど、日常の教

育的な役割も担っていたのである。

　既に生まれた家を出て働いている奉公人同士が結婚することも多く、当時のイングランド社会では結婚後に独立して世帯を構成すること（ネオ・ローカル）が主流であった。上流階級を除き結婚の平均年齢は低いとは言えず、平均的な男子では27歳前後、女子では25歳前後に結婚していたとされている[2]。また次男、三男以降の未婚率は20％程度であり、17世紀の女性の未婚率も同様かそれよりも高かった。既に親元を離れた新しい夫婦には基本的に親の老後の世話をすることは義務とはされず、一方で結婚の主な目的は子どもをもうけることに置かれていた。子どもは結婚した男女をつなぐ、重要な紐帯と考えられていたが、当時の子どもはどのように意識され、育てられたのであろうか。

　② 家政論の子育て

　近代以前の子どもに対する態度をめぐっては、多産多死であるがゆえに子どもに対する愛情は限られていたとする見解（いわゆるアリエス－ショーター－ストーン・テーゼ。フィリップ・アリエス、エドワード・ショーター、ローレンス・ストーンらによる見解）と、それに対して、そのような子どもにとっての不幸な状況の中でも、子どもに対する愛情が見られたとするリンダ・ポロックらの反論が知られているが、家政論文献群においては、少なくとも子どもは「宝物」として大事にされていた。

　子どもの教育について責任を負うのは、家政の統治者（governor）である父親（にして夫、主人でもある）であったが、父親の実質的な教育役割は、言葉が理解できる程度に成長した男子の教育に限られ、乳幼児期や女子の教育は女性の仕事とされていた（柴田、2012、12）。家系を引き継ぐ男子を生むことが最優先の課題とされた上流家庭では、乳母に預けて子育てを行うことが一般的であるとされていたが（授乳中は妊娠しないと考えられていたため、1人でも多く妊娠したい上流階級の夫人は、自分では授乳しなかった）、家政論執筆者はおおむね実母の母乳による子育てを推奨しており、子どもの「教育」（education）とは、何よりもまず母親による授乳を意味していたのであった。16世紀にイタリアからイングランドに持ち込まれたある家政論では、次のように述べられている。

　　では子どもの education に話を進めよう。子どもへの配慮（care）は、

父のものと母のものに分けられる。それは母による授乳（nurse）と、父による教導（teach）として、である（Kyd, 1588, 13）。

　母親による授乳は、出産と並んで子どもに対する愛情を形成する手段であると考えられたほか、17世紀前半までは授乳によって体が形成されるだけではなく、母乳の成分によって性格やマナーも形成されるものであると考えられた。また授乳時に母親が積極的に子どもに話しかけることが推奨され、この言葉かけを通して子どもが言葉を獲得していくのだと論じる家政論もしばしば見られた。そして子どもが言葉をある程度話せるようになる以前から、宗教の指導と躾が重視されていた。子どもに愛情を注ぐべきであるという記述が多くみられる一方で、キリスト教的な子ども観（原罪をもって生まれてきた子ども）から、「答(むち)を惜しむものは子を台無しにする」（箴言、13：24）との聖書の一節をもとに、親や教師によって、子どもに体罰を振るうこともしばしば推奨された。

　そしてやや時代が進んだ17世紀の中盤には、コメニウスがイングランドの教育に影響を与えている。周知のとおりコメニウスは『母親学校の指針』や『パンパデイア』（「第8章　誕生期の学校」「第9章　幼児期の学校」）において、幼児を対象とした教育や子育てについて論じているが、物事を教えるにあたっては子どもの理解を重視したこと、子どもの幸福を重視したこと、そして遊びの教育的価値を見出し、子どもの教育における遊びの重要性を唱えるなど、それまでの教育論では着目されてこなかった点についても論じた。これらの考えは、エゼキアス・ウッドウォードの教育論などを通してイングランド社会に受け継がれ、子どもの本性に着目した子育ては、既にこの時代からイングランドには見られていた。

（2）オイコノミアからエコノミーへ

　オットー・ブルンナー（Brunner, O.）は「国民経済学の成立とともに、旧ヨーロッパの家政学は没落した」（ブルンナー、1974、171）と述べている。ブルンナーの念頭にあったのは、およそ18世紀ごろのドイツの状況であるが、これは家政学がおそらく最後の興隆を見た初期近代を過ぎたヨーロッパ社会においては、ある程度共通に見られた現象と言えるだろう。

工業化（industrialization）がいち早く、そして成功をもって進展したイングランドにおいて、それは家族の変化を伴って最も顕著な形で現れた。17世紀後半以降のイングランドにおいては、家庭経済学が国民経済学へとその地位を譲り渡す過程で、家政論文献群も出版されなくなるか、または出版されても伝統的な「旧ヨーロッパの」家政論とは姿を変え、単なる「料理本」などへとその内容を大きく変えていく。かつては「家父の書」とも呼ばれた家政論は、主婦を対象とした家事の本に変わり、17世紀末の『家政の辞典（household dictionary）』には、もはや education はおろか children や infant に関する項目もない。

　帝国・植民地体制をもとに、貿易を盛んにして経済危機を乗り切った17世紀後半以降のイギリスでは、社会問題であった急激な人口増加は落ち着き、その結果、穀物を中心とした物価も安定した（川北・村岡、1986、55-57）。そして産業革命はイギリス社会の構成にも変化をもたらした。1803年にカフーンが作成したとされるイギリス社会の構成表では、中・下層の職業分類が複雑になり、中下層の人びとが「生き延びる」機会を得て様々な方法で糊口をしのいでいたことがわかる。

　イギリスにおける工業化の進展は、伝統的な家族の在り方を大きく揺さぶり、家族はその形を変えていくことになる。工場での単純作業は、女性と子どもの長時間労働に依存し、かつては家父長として家庭に君臨し、その統治者であったはずの父親は、もはや自らの収入だけでは家族を養うことができず、その権威を失墜させる。伝統的な家政論の世界で見られた生産の場としての家族の姿ももはや消え失せ、家族は外部から得られた現金収入を消費する「消費共同体」と化していく。男性よりも安価で雇用しやすい女性や子どもが主な働き手となることにより、家庭で母親が子どもの世話をしていた伝統的な子どもの養育も変化することになる。一方で幼い子どもも働く工場は「非行の源」と呼ばれるほど不道徳であり、家族の子育ては危機に瀕していった（川北・村岡、1986、172）。

2 │ "保育"と"幼児教育"の誕生

(1) 労働と子育て

　ストーンによれば、イギリスの18世紀から19世紀にかけての時代は、子ども中心的な態度が現れてきた時代であるという。子ども用の服、子ども向けの多くの本、遊びながら子どもが学ぶことができる教育用のゲームの登場（それらは地理学の双六や旅行ゲームであった）など、子ども向けの商品が市場に多く出される。もちろん、それらの商品を手にすることができるのは、中層以上のある程度めぐまれた子どもたちである。それらの子どもたちは親と親しげな会話を交わし、情愛溢れる家族が形成されていった。中流以上の家庭で情愛ある家族（いわゆるヴィクトリアン・ファミリー）が形成される一方で、幼い子どもを怪しげな「里親」に預けて働かざるを得ない貧しい母親たちの姿が、大都市の工場を取り巻く環境の中にはあった。

　産業革命によって巨万の富を築く製造業者が現れる一方で、製造の現場（工場）で働く人々の姿は決して豊かなものではなかった。女性や子どもの長時間労働も常態化し、19世紀前半では、イギリスの綿工業に従事する労働者の、実に61％が女性と13歳以下の子どもであったという（川北・村岡、1986、172）。工場が都市に増加してくると、労働者は賃金で自らの労働力を売る者となり、家政論の世界では一体であった家庭と労働の場は次第に分離していく。仕事を女性や子どもに奪われ、満足に稼ぐことができなくなった父親の権威が失墜し、女性や子どもが労働に駆り出され、生産・労働の場が家庭から切り離されると、それまで家庭の中で行われていた子育ても、家族の外部に析出されることを余儀なくされる。

　また労働者、小商人、小屋住みの農夫などの貧しい階層の人々は、子どもの扱いが粗暴であった。親の機嫌によって扱い方は変わり、親が酔っ払っているときなどにはひどい虐待を伴うこともあった。子どもを無視することは、女性の雇用率が高く、児童労働の需要が低い地域でしばしば見られたことであった。自分の子どもを残して働きに出る親は、子どもを静かにさせておくためにしばしばアヘン・チンキ[3]を用いて子どもたちを眠らせた。それは母親が工場で働い

ている間に幼い子どもを預かる「里親」たちの間でもよく知られたやり方であった[4]。当たり前のことだが、そのような扱いを受けた子どもたちの死亡率は高く、19世紀の工業化の進展の中で、貧しい子どもたちは生命の危険にさらされていたのである。

（2）ヨーロッパにおける保育・幼児教育施設の成立
① ロバート・オーウェンの「性格形成学院」

「世界最初の保育所は誰が作ったものなのか」は、さほど重要な議論ではないかもしれない。ヨハン・フリードリヒ・オーベルラン（Oberlin, J. F.）が貧困にあえぐ地域で、親の過酷な労働と引き換えに放置された子どもたちのために保育施設を作ったことは、その地域での保育の必要性が生じたからであろうし、同様にオーウェンの眼前にも保育を必要とした多くの子どもたちの姿が幼児学校（infant school）を構想させ、1816年にニュー・ラナークの工場内に「新性格形成学院（New Institution of the Formation of Character）」を開設せしめるに至ったのであろう。

オーウェンは過酷な労働環境に置かれていた子どもたちを労働から解放しようとも努めた。彼は産業革命による機械の導入が「大多数の人々の家庭の習慣を乱した。それは人々が訓育を身につけたり、道理をわきまえた娯楽を楽しむ時間を奪ってしまった（乙訓、2005、105-110）」と指摘した。大人も子どもも労働時間を制限し、子どもは10歳まで働かせてはならないとし、早くから労働する子どもの有害性を訴えたのである。

ただしオーウェンの「性格形成学院」の構想が実現するまでに、7年もの歳月を費やしたこと（最初の構想は1809年であったが、工場の共同経営者の反対にあったという）、また工場委員会で10歳以下の労働禁止や、労働時間の制限、子どもに教育を与えるようとした彼の案が「骨抜きに」されてしまったことなども等閑に付してはならない[5]。子どもの福祉以上に、競争原理のなかで重要視されたものが存在したのである。

② レスターにおける保育施設の誕生

同じイギリスにおいても、レスター市の保育施設の生成過程は、オーウェンの「性格形成学院」とは異なる。オーウェンの幼児学校が、子どもの労働から

の解放と、適切な教育を与えることを目的としていたことに対して、レスターの保育施設の構想（1861年）の保育内容には「教育」の文字はない。授乳、給食、危険から見守ること（tend）、養護（nurse）、沐浴が保育内容とされ、設置者は当該保育所が所在する近隣の婦人たち、とされた（小川、2004、38）。

19世紀のレスターでは繊維工業が盛んであったが、工業が発展した都市の労働状況を如実に反映している都市ともなっていた。既婚女性の就業が増え、乳児の死亡率はイギリスの中でも上位を占め、インフラ整備が十分ではないために衛生状況も良くなかった。小川冨士枝によれば「レスターは産業革命の洗礼を、真正面に受けた都市」（小川、2004、7）だったのである。

レスター市では1878年に最初の保育所が開設されるが、その保育は、上記の保育内容（授乳、給食、危険から見守ること（tend）、養護（nurse）、沐浴）に、「清潔」と「一般的処置」が加えられたものであった。スタッフは看護士と医者からなり、保育の目的は「不適切な授乳により起こる死亡率を少なくする」ことと「乳児を志望に至らしめる危険を、実際にチェックする」ことであった。この保育施設の設立に尽力したのが保健官であったことからみても、貧困地帯に建てられたこの施設が、託児業によって生命の危険にさらされていた子どもたちを、幼児生命保護法に基づいて救うことを主たる目的としていたことがわかる（小川、2004、41-46）。レスターの保育所は、オーウェンの幼児学校とは設置の形態も目的も、保育者も異なる保育施設であるが、やがて教育的なプログラムも取り入れられ、保育所として発展していった。

3 ｜日本における保育の展開と保育ソーシャルワーク

江戸前期の貝原益軒らからすでに幼児教育の重要性は唱えられるところであったが、江戸中期の1773年の永井堂亀友（1751～80）の『小児養育気質』には、保育施設とみられる施設の話が出てくる。子どもが自由に遊びまわることができ、おやつも出てくるこの場所は、現代の保育施設を想像させるものがある。江戸も末期になると、より具体的な幼児の保育・教育施設が佐藤信淵（1769～1850）によって構想された。1849（嘉永2）年の『垂統秘録』には、官立の乳幼児保育所としての「慈育館」、4～7歳の子どもを遊ばせる「遊児廠」、

その上の年代に教育を行う「教育所」などの施設の構想がみられた。しかしながら、実際の施設保育の誕生は、明治に入ってからのことであった。

(1) 日本における保育の誕生と展開
① 幼稚園の誕生と簡易幼稚園

日本における幼児教育草創期の施設として、1876（明治9）年に東京女子師範学校附属幼稚園が官立幼稚園として開設された。この東京女子師範学校付属幼稚園は、その後の幼稚園の拡大に大きな影響を与えることとなるが、ここに始まった日本の幼稚園はその後約20年の間に、全国で約70園が設立された。

東京女子師範附属幼稚園はフレーベル主義の幼稚園であったが、その在り方はフレーベル没後のドイツの幼稚園とも、またドイツの幼稚園を輸入し日本に影響を与えたアメリカの幼稚園とも異なった展開を遂げている。ドイツの幼稚園がフレーベルの没後、マーレンホルツ＝ビューロー（Bülow, B. M.）により労働者や貧民の子弟の保護と教育を目的とした民衆幼稚園として拡大し、アメリカの幼稚園が都市化・工業化による貧困家庭の増大、悪化する生活環境で放置された幼児の保護と教育を目的として拡大したのに対し、日本の幼稚園は中上流層の子弟を対象とした「教育」施設として展開していった（湯川、2001、2）。

幼児教育、保育については法整備も長い間充分には行われず、湯川によれば後に設立された幼稚園は教育色の強いものであるにもかかわらず、1872年の「学制」に示された幼稚小学はフランスの保育所制度を倣ったものであるという（このフランスの保育所はイギリスの幼児学校に強く影響を受けている（湯川、2001、80-81）。そして学制から遅れること25年以上たってようやく1898年に「幼稚園保育及設備規定」が、そして1926年に勅令として幼稚園令が制定されるに至る）。

一方で明治10年代には、文部省においても、貧民層の子どもを保護・教育し、悪習を身に付けるのを防ぐとともに、衛生的で子どもにふさわしい環境を与えるために幼稚園教育が有益であると考えられ始めていた。1885（明治18）年の『文部省示諭』においては、「貧民労働者のすべての子どもを対象とする、簡易の幼稚園があって良い。子どもを街頭での危険で卑猥な遊戯から遠ざけるとともに、その父母も子どもにわずらわされることなく生業を営める」（宍戸、2014、56）、との内容も示され、簡易幼稚園の必要性が提唱されていた。

幼稚園は父母貧困にして、小児を養育するの義務をつくす能わざる者に、緊要にして欠くべからず。世間比類の親族すこぶる多し。見るべし一家数人の小児ありて父母これを養育するの時間と識力なく、或いは鰥寡(かんか)(貧しいこと)にして一家を成す能わざる者あり。此等諸人の為たとい半日なりとも其子を養育するの場所あらばその裨益多かるべし（近藤、1887。宍戸、2014、59）。(括弧内筆者)

　このように簡易な幼稚園の必要性が唱えられていたものの、一方では国家主義的教育体制に幼稚園を位置付けようとする明治政府の意図があり、他方では幼児の特性による保育を行うべきであるという論があり、その設置にしても種々の思惑が交錯していたのが、当時の保育・幼児教育をめぐる状況であった。しかし幼稚園以外での保育の必要性も拡大し、子守学校を基とする赤沢鐘美の保育施設（守孤扶独幼児保護会、のちの赤沢保育園。日本最初の保育所とも言われる）が作られるなどした。

　一方で幼稚園からも、貧民子弟のための簡易幼稚園設置の動きが始まっていった。女子師範学校附属幼稚園別室の創設である。その背景には子守学校を認めたのちの文部大臣・井上毅の発言があり、またその構想は小竹啓次郎の論文が大きな影響を与えた。小竹は雨風、炎暑を防げる程度の簡易な建物に、簡略化した保育内容（散歩、自由遊戯、模倣運動、図画、手技のみ）の幼稚園の設置を提唱していた。分室では本園の保育時間4時間に対し、6〜7時間の保育時間を確保した。また「父母の心得」を示し、保護者に協力を要請した。慈善の為の託児所とは異なることが強調されたほか、衣服について「洗濯して垢付かず、破綻なきよう」注意し、身体についても「常に清潔ならしむ」ように保護者に要請している。それは子どもらの置かれた家庭状況を考慮すると必要な要請であった。子どもの親たちは日々の生活に困窮するほどではなかったものの「下着肌着は多く不潔にして臭気を放ち夏時には汗に汚れ冬季には綿の出たるものあり」という状況から、生活習慣に着目せざるを得なかったからである（宍戸、2014、85-89）。

② 二葉幼稚園の誕生──幼稚園から保育園へ──
　その後、華族幼稚園の保姆であった野口幽香、森島峰の2人の保姆によって、

貧民幼稚園である二葉幼稚園が1900年に創設された。2人は「蝶よ花よと大切に育てられている貴族の子弟があるのに、一方ではこうして道端に捨てられている子供があるかと思うと、そのまま見過ごせないような気がしてきました」（神崎、1940。宍戸、2014、128-129）との思いから、慈善事業として二葉幼稚園を始める。当初は粗末なあばら家から始められた二葉幼稚園は、次第に拡大し、最大7時間の保育を行う幼稚園として運営されていた。

　後に鮫ヶ橋（現在の新宿区）に移転し、さらに1913年に増築するときには園児数は250名に達し、徳永恕が主任を務めていた。保育料は廃止され、終日保育も行われたほか、3歳未満の子どもの保育もすることとなった。やがてこれらは幼稚園の規定に合致しないことから、二葉幼稚園は二葉保育園（1916年）へと改称し、内務省によって統括される「慈恵救済事業」としての「幼児保育事業」として性格付けられていき、補助金制度と相まって文部省の幼稚園とは異なる別系統の施設として組織されていくようになった（宍戸、2019、277）。

　保育が社会事業の中に位置付けられていくことで、幼稚園令による学校としての幼稚園と二元化していくことになるが、このような状況に一石を投じたのが岡弘毅である。岡は3歳以上は幼稚園、3歳未満は託児所令を制定してそれぞれ一元化すべきであるとしたが、文部、内務、両省の関心を引くことはできず、保育所、幼稚園は現代に至る幼保二元化へと進むことになった（宍戸、2014、302-305）。

（2）戦後保育の展開

　中村強士によれば、戦後の日本において、児童福祉の喫緊の課題であったのは戦争孤児や浮浪児等の児童保護であった。以下、中村の研究を手がかりに、戦後保育をひとまずは概観してみよう。

　戦後間もなく児童保護以外の児童福祉として、また戦後復興の必要性から保育所に対するニーズも浮上していくなかで、「保育」を体現する施設として、新たな時代の児童福祉を体現する施設としての保育所が期待された。しかし一方で幼稚園との関連も問題となる。松崎芳伸は「保育所というものは、就学前教育という観念以前の働く婦人の援助という観念から出発して、次第に就学前児童の教育という観念に近づきつつある。現在発展過程にある形態」（中村、

2009、44) であるとし、将来的な就学前教育の義務教育化を予想した。だが保育所が「働く保護者の負担軽減」のための施設であるという以上、保育所が経済との関連を断ち切ることは難しい。そして1950年代のいわゆる戦後「逆コース」の中で、保育所の機能、目的を幼稚園から区別するコメントが厚労省から相次いで出されることとなる。また子どもは家庭で育てられることが理想であり、家庭で十分に見てもらえないときでもなるべく児童を家庭から引き離さないことが望ましい、「保育所はこうした原理の上に立つ児童の集団保育施設である」として「家庭保育原則」が改めて強調される（中村、2009、58)。

1960年代の高度経済成長期においても、児童福祉のターゲットにされたのは家庭であった。家庭の養育力の低下と要保護児童の増加が結び付けられ、家庭の崩壊が、要保護児童の増加や非行児の増加の原意として挙げられるようになる。1963年に文部・厚生の両省から出された「幼稚園と保育所の関係について」の共同通知では、保育所の保育内容が幼稚園教育要領に準ずることが望ましいとされ、保育内容の一元化が唱えられる一方で、なお保育施設としては幼保の二元化が主張され、固定化されていった。

保育所の在り方に大きく影響を与えるのは、制度や理念より現実の家族の姿であるかもしれない。1985年の男女雇用機会均等法、1991年の育児休業法は女性の働き方に影響したが、加えて男女雇用機会均等法と同年に成立した労働者派遣法以降の施策は、男性の労働者の在り方にも大きく影響し、ひいては家族そのものの在り方にも大きな影響を与えていった。それまでの日本の家族政策が「老親の扶養と子供の保育と躾」は「家庭の責任」であるとしていたが、上記の立法は、労働そのものを流動化させ、男性家長が外で働き一家を支え女性は家事や子育て、という日本の近代家族の1つの典型的な在り方を不可能なものとさせていった。

その後の展開については、本叢書の至るところで触れられることだろう。2015年にいわゆる認定こども園法などの「子ども・子育て関連三法」が改正され、幼稚園、保育園から認定こども園への移行が相次いだ。2017年改定（訂）告示（2018年から施行）の保育所保育指針、幼稚園教育要領、幼保連携型認定こども園教育・保育要領では、3歳以上の保育内容について完全一致が図られている。そのポイントの1つは、0歳児から就学前までの教育であり、幼児教育

の重要性が施設の種別を問わず、強調されているのである。

おわりに
―― 現代の保育と保育ソーシャルワーク ――

「保育」という言葉が人口に膾炙して久しいが、実は保育とはそれほど古い言葉ではない。日本において「保育」という言葉が用いられるようになったのは、1875年に東京女子師範学校附属幼稚園が開設され、その幼稚園規則において用いられたのが初めてであったといわれる。また日本において「教育」という言葉が広く用いられ始めたのもほぼ同時期である。

保育、教育という言葉について、東京女子師範学校附属幼稚園の最初期に保姆を務めた豊田芙雄は次のように述べている。

> その時は幼稚（おさなご）は教育とは云わず、教育という心にならず、保育に専ら心を用いたのです。教導もしないで開誘すると云いました。[6]これを精神に入れて皆様とお互いに保育開誘一方でやつたわけでございます。
> （宍戸、2014、42）

ここからわかるように当時の幼児においては知育を重視した「教育」と「保育」は異なるものとして捉えられていたと言えよう。また戦後は児童保護立法に際して「保護育成」から「保育」へと転換した経緯があり、戦後の児童福祉における「戦前の『児童保護』の発想から決別」との評価もある（中村、2009、7）。

近年では「保育」と「幼児教育」については、無藤隆が年齢（2歳児までと3歳以上児）による違いや、施設（保育所、幼稚園、児童福祉施設［18歳までの児童を含む］）により複数の意味で用いられることを指摘しているが、明確な定義付けはなされていない（無藤、2009、1-3）。

また現行の保育所保育指針における保育は、第1章総則の「保育所の役割」にみられるように「養護及び教育を一体的に行うこと」としており、またこれに当たる英語としては、OECDで用いられるECEC（Early Childhood Education and Care）、またはユネスコで用いられるECCE（Early Childhood Care and Education、これは日本保育学界でも訳語として用いられており、太田素子は「丁寧な訳語」であると評価している（太田、2012、14））がある。

「保育」という言葉をめぐっては、主に「幼児教育」との関係でその明確な定義がいまだなされていない、と言っても過言ではない。その「保育」の歴史もまた、「幼児教育」との関係の中で揺り動かされ、時にはせめぎ合いながら、今日に至るのである。

だが倉橋惣三の次の言葉を思い出すとき、保育と教育が不可分のものであることもまた思い出される。

> 子どものいるところ必ず教育がなければならぬ。保護を捨てゝ教育はあり得ない。と同時に、教育なしに保護を完うせられない。保護はその急務に対する処置である。教育は、幼児生活そのものに対する原則である。処置を怠ってはならぬと共に、処置に止まって原則を忘れてはならぬ。（倉橋、池田、友松、1997、38）

そして何より、本章第1節に取り上げた16世紀の家政論では、education とは、nurse をその内実としていた——つまり「保育」とはそもそも「教育」のことであった、とも言える。本章でたどってきた歴史のなかで、「保育」と「教育」、「家庭」と「労働」が分離し、同じ年齢の子どもたちが別々の施設で過ごすようになり、そしてまた1つになろうと模索を始めている。世の中の仕組みも、子育ても、子どもが育つ場も、おそらく人々の考え方も、ゆっくりと、しかし絶えず変わり続けている。

2015年に亡くなったドイツの社会学者、ウルリッヒ・ベック（Beck, U.）の未完とされる著作が2017年に日本においても出版された。そのタイトルは『変態する世界』である。ベックによれば、もはや世界は「変化」という言葉では済まされず、「変態」しているのだという。

21世紀初頭の「いま」、保育や教育の現場や、家族で生じている問題をそのような視点で捉えると、少し合点がいくように感じられる。コペルニクスやガリレオが、世界をそれまでの「常識」と違う視点から違うように眺めたときに見えたものが、ほんの少しだけ見える気がする。「態」の変化はこれからの社会を理解しようとするときの重要なキーワードとなるだろう。

保育ソーシャルワークとは「保育施設及び保育者が保育並びに社会福祉専門職としての専門性を活かして、子育て家庭のニーズと社会資源との関係調整を図ることを目的に相談・支援にあたり、保護者の生活課題や問題を解決・軽減し、主体的で自立した生活を送ることが出来るように援助すること」(永野、2011)という1つの定義がある。ならばニーズの発生源となる子育て家庭や、生活課題を抱える保護者を理解することが、実際の活動である相談・支援に先んじて行われるべき前提となる。その理解のために「変態する世界」を捉える術を、保育ソーシャルワーカーは持たなければならないだろう。

注
1）ドイツの歴史家ブルンナーによれば、「家政学」とは「倫理学、社会学、教育学、医学、それに家政と農業についてのさまざまな技術といった理論の複合体」であるという。ブルンナー、オットー、石井紫郎・石川武・小倉欣一・成瀬治・平城照介・村上淳一・山田欣吾訳『ヨーロッパ——その歴史と精神——』岩波書店、1974、p.160、p.172。
2）ストーン（1991 33）、ライトソン（1990 107）、ラスレット（1986 115）、マクファーレン（1999 91）。
3）アヘン粉末をエタノールに浸出させた液体。鎮痛、鎮静に効果がある。参考資料「一般財団法人　日本医薬情報センター」HP、http://database.japic.or.jp/pdf/newPINS/00017715.pdf。
4）小川（2004）p.28。このような「里親」の下での乳幼児の死亡率は当然高く、イギリスにおいて幼児生命保護法（1872）が生まれる契機となった。
5）イギリスで後に広まる幼児学校が、オーウェンの幼児学校をルーツとするのか、ウィルダースピンの手によるものかについては、異なった見解が見られる。乙訓（2005）p.118及び中村（2007）p.106を参照。
6）「開誘」とは子ども1人1人の発達や意欲に即して、それぞれの持っている能力を伸ばすこと。

引用・参考文献
太田素子・浅井幸子編（2012）『保育と家庭教育の誕生（1890-1930）』藤原書店。
小川冨士枝（2004）『イギリスにおける育児の社会化の歴史』新読書社。
乙訓稔（2005）『西洋近代幼児教育思想史——コメニウスからフレーベル——』東信堂。
川北稔・村岡健次（1986）『イギリス近代史』ミネルヴァ書房。
神崎清編（1940）『現代婦人傳』中央公論社。
倉橋惣三（1997）「幼児保護と幼児教育」池田祥子、友松諦道編著『戦後保育50年史　証言と未来予測④保育制度改革構想』栄光教育文化研究所。
宍戸健夫・阿部真美子（1997）『戦後保育50年史　証言と未来予測①保育思想の潮流』栄

光教育文化研究所。

宍戸健夫（2014）『日本における保育園の誕生——子どもたちの貧困に挑んだ人びと——』新読書社。

柴田賢一（2012）「初期近代イングランドの家政論にみる女性の〈教育〉役割——授乳から統治まで——」『九州教育学会研究紀要』第40巻。

ストーン、L.（1991）『家族・性・結婚の社会史——1500年-1800年のイギリス——』北本正章訳、勁草書房。

永野典詞（2011）「保育ソーシャルワークと保護者支援・子育て支援」伊藤良高・永野典詞・中谷彪編『保育ソーシャルワークのフロンティア』晃洋書房。

中村勝美（2007）「イギリスにおける保育制度の過去と現在——歴史的多様性を踏まえた統合的保育サービスの構築——」『永原学園西九州大学・佐賀短期大学紀要』第37巻。

中村強士（2009）『戦後保育政策のあゆみと保育のゆくえ』新評論社。

マクファーレン、A.『イギリス個人主義の起源　家族・財産・社会変化』坂田利夫訳、リブロポート、1990年。

ベック、U.『変態する社会』枝廣淳子・中小路佳代子訳、岩波書店、2017年。

ブルンナー、O.『ヨーロッパ——その歴史と精神——』石井紫郎・石川武・小倉欣一・成瀬治・平城照介・村上淳一・山田欣吾訳、岩波書店、1974年。

無藤隆（2009）『幼児教育の原則——保育内容を徹底的に考える——』ミネルヴァ書房。

湯川嘉津美（2001）『日本幼稚園成立史の研究』風間書房。

ライトソン、K.（1990）『イギリス社会史1580-1680』中野忠訳、リブロポート。

ラスレット、P.（1986）『われら失いし世界——近代イギリス社会史——』川北稔、指昭博、山本正訳、三嶺書房。

Kyd, T.（1558）*The Householders Philosophie*, London.

Macfarlane, A. D. J.（1978）*The Origins of English Individualism?*, Basil Blackwell & Mott Ltd.（酒田利夫訳『イギリス個人主義の起源　家族・財産・社会変化』リブロポート、1993年）。

第3章
保育ソーシャルワークにおける倫理
―― 倫理問題と倫理的ジレンマ ――

1 はじめに

　社会福祉サービスの供給主体が多様になる中で、今後さらにサービス提供を担う社会福祉専門職の専門性や質、倫理性と責務の自覚が問われる（柏女、2003）。そのため、各社会福祉専門職団体において、第三者評価、倫理綱領の改訂や策定が進められている。

　保育士もその例外ではなく、保育士資格の法定化に伴い、2003年に全国保育士倫理綱領が策定され、翌年にはそのガイドブック（柏女監修、全国保育士会編、2004）も刊行された。この倫理綱領は、保育士が専門職としてどのように行動すべきかを明示している点では効力をもち、今後の普及が望まれるが、倫理問題や倫理的ジレンマに対応するためには課題が残る。

　本章では、保育ソーシャルワークにおける専門職倫理について、その倫理問題と倫理的ジレンマの対応について考察することを目的とする。そのために、まず専門職全般の価値と倫理の概念を踏まえ、その上でNational Association for the Education of Young Children（NAEYC：全米乳幼児教育協会）が策定したCode of Ethical Conduct and Statement of Commitment（以下、NAEYC倫理綱領と略記）[1]と、そのガイドブック（Feeney & Freeman, 2018）を素材にして、倫理問題と倫理的ジレンマの概念、解決のための意思決定過程を概観する。その上で、事例検討を通して、倫理的ジレンマの解決方法について考察する。最後に、専門職倫理および倫理的ジレンマに関する保育ソーシャルワークの課題と展望を示す。

1 専門職における価値と倫理

（1）専門職の価値と倫理

　医療、看護、社会福祉、教育、臨床心理などのヒューマンサービス専門職は、専門職の知識と専門職の技術とともに、専門職の価値や倫理を有することが求められる。

　小山隆は、「『価値』とはその専門職が『何を目指しているのか、何を大切にするのか』という信念の体系であるのに対して、『倫理』は価値を実現するための『現実的な約束事・ルールの体系』である」（小山、2003、16）と定義付ける。また、奥西栄介は「価値が目指すべき到達点であるならば、倫理はそれを実現するための取り決めごとの体系」（奥西、2005、42）と述べている。つまり、専門職の価値とは、専門職活動の原理や基盤であり、専門職倫理とは、価値を具体化するための行動規範（責任、義務）である。

　個々の専門職者は、前述した専門職の価値や倫理を持つ必要があるが、各専門職団体が採用する倫理綱領を遵守する必要がある。倫理綱領とは、各専門職団体の専門職の価値や倫理を明文化したものであり、その団体に所属する専門職者の遵守規定である。倫理綱領は、①社会に対する当該専門職集団の役割を示す機能、②専門職集団内での価値と倫理の共有を図る機能、③当該専門職集団に所属する専門職者の不当な行為を規制する機能などを有する（柏女、2004）。

　ところで、専門職倫理を遵守しようとすれば、倫理的ジレンマが生じることは他領域の研究から明確である。倫理的ジレンマとは、ある実践において相反する複数の価値や倫理（義務や責任）が存在し、そのいずれもが重要な場合、専門職として葛藤し、方針の決定が困難となることを意味する（高良、2015）。

　しかし、わが国では、保育士の倫理的ジレンマおよびその解消に関する研究はその蓄積が少なく、また、全国保育士倫理綱領とそのガイドブックには倫理的ジレンマについての言及がない。今後、保育ソーシャルワークを考える中で、保育者の価値や倫理に関する研究は重要になる。

（2）NAEYC 倫理綱領における専門職の価値と倫理

　NAEYC 倫理綱領では、専門職の価値として、①人間のライフサイクルの中で、ユニークで価値ある時期として、子ども期を正しく認識する、②子どもの発達と学習に関する知識を、我々の職務の基礎とする、③子どもと家族の絆を正しく認識し、援助する、④子どもは、家族、文化、地域、社会の文脈の中で、最もよく理解され、援助されることを認識する、⑤一人ひとりの個人（子ども、家族成員、同僚）の尊厳、価値、独自性を尊重する、⑥子ども、家族成員、同僚の中で多様性を尊重する、⑦誠実と敬意を基盤とした関係を背景にして、子どもと大人は、その可能性を最大に発揮できることを認識する、の7項目を挙げている。

　繰り返すが、専門職倫理とは、専門職の価値を具体化するための責任や義務である。そのため、倫理綱領では「倫理責任」「責任」の記述を用いることが多い。さらにそれを具体的にした行動規範が示される場合もある。

　NAEYC 倫理綱領では、前述した7つの価値を具現化するために、①子どもに対する倫理的責任、②家族に対する倫理的責任、③同僚に対する倫理的責任、④地域や社会に対する倫理的責任の4領域の倫理責任が示されている。それぞれの倫理的責任には「理念（ideals）」と「原則（principles）」が示されている。理念は保育者の規範となる原理であり、例えば、子どもに対する責任においては「保育に関する知識基盤に精通すること、そして継続教育と研修を通して新しい知識を与えられ保持すること（I-1.1）」という記述が示されている。

　例えば、子どもに対する責任では「何よりもまず、我々は子どもたちを傷つけない。我々は、子どもたちに情緒的に害を与え、身体的に傷つけ、失礼な、品位を下げるような、危険で、搾取するような、怖がらせるような実践に参加しない。この原則は、倫理綱領の他の原則よりも優先される（P-1.1）」とある。理念に比べて原則の方が具体性は高いが、規範と原則は必ずしも対応しているわけではない。

　このように専門職倫理は、専門職が誰に対して、どのような責任、義務があるかを明確にしているのである。

2 ║ 倫理問題と倫理的ジレンマ

本節では、NAEYC 倫理綱領とガイドブックを素材にして、倫理問題と倫理的ジレンマの概念、解決のための意思決定過程を概観する。

(1) 倫理的責任と倫理問題、倫理的ジレンマ

保育者などの専門職がそれぞれの倫理綱領に基づき職務を遂行する際、すなわち、倫理的責任を果たそうとする時、倫理問題や倫理的ジレンマが生じる。倫理問題とは、保育者が倫理的責任を果たしていない状況を意味する。そのため、倫理問題への取り組みとしては、倫理的責任を果たしたり、果たせるように何らかの努力をしたりすることになる。

倫理的ジレンマとは、「複数の可能性のある解決法が存在する状況で、そして、それぞれの解決法が道徳的条件で正当でありうる状況(それは2つの"正しさ"に対処する状況と言うことができる)」(Feeney & Freeman, 2018, 19) である。そして、倫理的ジレンマは、保育者に2つの行動のいずれかの選択を要求するが、それぞれの行動がいくつかの利益を有し、いくつかの損失を有するという特徴を持つ。

さらに、倫理的ジレンマは、他の職場問題とは異なる面を持つ。第1に、倫理的ジレンマは、2つあるいはそれ以上の正当性のある選択肢からの選択を求める。第2に、倫理的ジレンマは倫理綱領に明示される複数の価値間の葛藤を含む可能性がある。最後に、倫理的ジレンマには簡単な解決法がほとんどないばかりか、即座に解決できなかったり、単純な規則の応用や事実への信頼によって解決できなかったりする特徴を有する。

(2) 倫理問題と倫理的ジレンマの解決のための意思決定過程

NAEYC では、保育現場で何らかの問題が生じた際に、図3-1のような解決のためのフローチャートを作成している。

1) 第1部：問題の性質を決定する

保育者が職場で問題に直面した際に、保育者が踏むべき最初の段階は、その

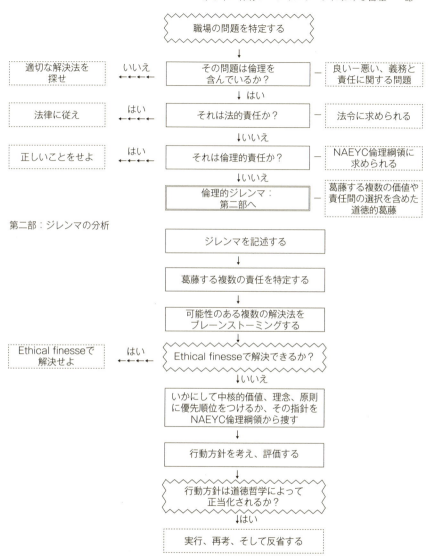

図3-1 倫理問題と倫理的ジレンマの解決のための意思決定過程（フローチャート）
出所：Feeney, S. & Freeman, N. K., *Ethics and the Early Childhood Educator : Using the NAEYC Code*, Third Edition, NAEYC, 2018, p.21, p.27.

問題が善悪、権利・義務、人間の福祉、個人の最善の利益に関する事項を含んでいるかどうかを問うことである。これらを含んでいる問題であれば、倫理問題への対応として理解する。また、保育者が法的側面を有する問題に遭遇する場合、そのことを弁護士に相談する場合がある。弁護士の助言は、ジレンマの法的側面を解決する際に役立つ。そのような場合、弁護士の推薦は、公式の法的記録となり、保育者の行動の正当化するのに使用できる。

次の段階は、その状況が倫理的責任に関係しているのか、あるいは倫理的ジレンマであるのかを決定することである。さて、保育者が倫理的ジレンマに直面していると確信した時、第2部の方法・手順に移動する。

2）第2部：ジレンマの分析

倫理的ジレンマが確認されたら、以下の手順で意思決定を行う。その際、保育者は、倫理的ジレンマに関する困難な決定を行った際以下のことを自問自答する必要がある。すなわち、利害関係者は誰か、利害関係者に対する保育者の義務は何か、そのジレンマの解決を手助けする資源は何か、その結果はどのようなものか、それは成功したのか、である。

① 葛藤する複数の責任を確認する

まずは、葛藤する複数の責任を確認することである。これは、関係者全員の個人のニーズ、集団のニーズや、関係者に対する当該保育者の義務を考えることを伴う。道徳的に正当と認められる決定のために、保育者は保育者自身の義務のそれぞれを比較考察し、バランスをとらなければならない。

どちらの決定も筋の通った根拠があり、そしていずれもいくつかの利益と犠牲を有している。保育者は複数の責任間のバランスを保つために、どのような原理が保育者を導くのかを考える必要がある。さらに折衷案がないならば、どの利益が最も重視されるべきかを考慮しなければならない。

② 可能性のある対応をブレーンストーミングする

葛藤する責任を理解したら、次の段階はその状況への可能性のある対応をブレーンストーミングすることである。保育者は、その状況に対して思いつく限りの全ての反応をリストアップする。次にそれぞれについての実行可能性と公正さを考える。そのうちのいずれかは不当に厳しいことや、さらに、いくつかは道徳的に許されないことを見出すだろう。

ブレーンストーミングは、許容できない解決を除去させ、次の段階のいくつかの可能性を明確にするだろう。

③ ethical finesse を検討する

次の段階は、関係者全員のニーズを充足する方法で問題解決が可能かどうかを考えることである。NAEYC では、関係者全員が満足する問題解決の方法を見出す過程を説明するために、ethical finesse を使用する。ethical finesse は、多くの問題の軽減を助けうる効果的な道具である。それは保育者が多くの状況で試みる最初の方法である。しかしそれはいつもすぐに問題を解決するとは限らない。

キプニス（Kipnis, K.）は重大な注意点について、「ethical finesse は、我々に貴重な何かをあきらめなければならないことを避けさせる。問題はなく、本当に、ジレンマから逃れるための手段として、チェックリストを持つことは役に立つ。しかし、専門職倫理は全て finesse から成るわけでない。しばしば難しい選択をしなければならない。そして我々は、結局は、難しい倫理的問題に手を伸ばさなければならないかもしれない」（Kipnis, 1987, 26）と指摘する。

④ 倫理綱領から指針を捜す

保育者がジレンマを ethical finesse で解決できないと判断した場合、道徳的に正当と認められる解決を見出し、実行する必要がある。まず、倫理綱領の中核的価値のどれが、その状況に該当するのかを明確にすることから始める。

次に、中核的価値を基盤にした、より具体的な指針――倫理的ジレンマにおける葛藤する価値および責任に優先順位をつける――を見つけるために、倫理綱領の理念と原則をよく調べることである。ここで、その状況に関係する項目全てをリストアップすることは役に立つ。

そして、保育者が有する情報の確認である。情報の正確さを確認し、必要に応じて不足する情報の収集や、職場の方針や関連する法律の再検討を行う。

最後に保育者は、倫理綱領に関連する項目をいかに優先できるかを、正当であると思う1つか2つの解決法を出して、それぞれの結果と利益を熟考する。

⑤ 倫理理論を用いて解決法を評価する

道徳や倫理の理論は、倫理的ジレンマに対する解決法を評価する見方を与える。ここでは、功利主義、義務論、ケアの倫理を取り上げる。

功利主義であるが、保育者がこの理論に基づき、解決法を評価する際に問うことは、この選択により利害関係者が傷つくより、より多くの利害関係者がその解決法により助けられるかである。そして、保育者が義務論に基づき、解決法を評価する際に問う内容は、この解決法は自分の所属する領域の全ての保育者が行動すべきであると考える方法か、あるいは、この行為は全体として保育者のために最高のものかである。さらに、ケアの倫理に基づいて解決法を評価する場合、保育者はこの方法は他者に自分がしてほしいことか、この解決方法は人々やその関係性に敬意を払っているかを自問するだろう。

これら3つの学派の思考に立って考えることは、保育者が倫理的ジレンマに対する解決案の影響を考えるのを助けてくれる。しかしそれらは、倫理的行為のための明快な解決策を与えるわけではない。

⑥ 行動方針を決定する

保育者は、倫理的ジレンマの解決に向けた判断をするために多くの資源を有する。それは、保育者の有する個人的価値と道徳、保育者の有する専門職の中核的価値と倫理的指針、倫理理論、相談した同僚の洞察、保育者の判断能力である。これらの資源を動員して、倫理的決定に伴う選択肢を熟慮し、倫理綱領を参照することは、確かな決定へと保育者を導く。

倫理的ジレンマに対して好ましい解決法がある時、それはまた好ましくない解決法でもあることを念頭に置く必要がある。本章で紹介した手順は、保育者が関係者の信頼に背くような正当と認め難い解決法を避ける手助けや、倫理的に支持できる解決法にたどり着く手助けをするだろう。

⑦ 実行、再考、そして反省

保育者が自らの決定事項を関係者と共有する時、関係者と誠実にやり取りし、お互いに気を配り、礼儀正しく話を聴く雰囲気を作ることが重要である。その決定が実行された後、保育者はその成果を評価する。

（3）ethical finess と倫理的意思決定

ethical finesse は、「倫理的手捌き」、「倫理的手法」、あるいは「倫理的繊細さ」などと訳すことができる。いずれでもその意味を捉えることができるが、適切な訳が見当たらないため、そのまま英語表記とした。

ethical finesse に明確な定義があるわけではないが、文脈上、倫理的ジレンマに関係者する全員が満足する問題解決の方法を考える手段といえる。つまり、衝突する複数の倫理的責任が衝突する状態において、いずれかの責任を選択するのではなく、保育者が直面する問題の解決案を考えるものと思われる。

　おそらく、ethical finesse の使用は、我が国においても保育者が日々、恒常的に実施していると考えられる。問題は、こうした対応を倫理的意思決定の中に位置付け、意識化できているかどうかである。

3 ｜ 倫理的ジレンマの事例検討

　ここでは NAEYC 倫理綱領のハンドブックに掲載されている事例（Feeney & Freeman, 2018, 63-68）をもとに、倫理的ジレンマ解決のための意思決定過程を概観する。

（1）事例

　アリシア（Alicia）先生が担任をしている3歳児クラスにミア（Mia）がいる。彼女の母親のエリー（Ellie）は、アリシアに対してミアを常に清潔にし、汚れるような芸術活動、あるいは感覚遊びへの参加を許可しないように求めた。

　「ミアが芸術プロジェクトをした後に家に持ってくるほこりと汚れを落すことが難しい」と、エリーはアリシアに話す。エリーが園に来る時、ミアがきちんとしていてきれいに見えることと、汚れるような活動が彼女にミアの日々のパンツ、トップとドレスの多くを取り換えなければならなくなったことが、彼女にとって重要であると言う。

（2）事例の分析

1）問題の性質を決定する

　この事例は、倫理的要素を含んでいる。なぜならアリシアは、エリーのニーズと希望に沿うことが正しいことを理解している一方で、ミアに感覚的・社会的経験に没頭することを許可することも正しく、そして、彼女の健全な発達に貢献することも理解しているからである。これらは、子どものニーズと母親の

ニーズとの間の葛藤である。

　アリシアは、2つの正しさの選択に直面している。これは複数のクライエントの事例である。なぜなら、教師が責任を有する2人の個人（子どもと保護者）に対する複数の義務の葛藤を含むからである。

　アリシアは、ミアが園の全ての活動——特に汚れる活動——を楽しんでいるかを知っている。そして彼女は、ミアには彼女の発達と学習を促すような実際的な具体的活動が必要であるとかたく信じている。アリシアはまた、ミアにとってクラスの子どもたちと遊ぶ機会を持つことも重要であることも知っている。彼女は保育室でのやりとりや、日々彼女がすることができる選択を楽しむ社会性のある子どもである。アリシアは、保育室においてミアの選択肢を制限することは本当に有害であると信じている。

　同時に、彼女はエリーのミアがきれいな服で園にいるという希望を尊重したいと考えているし、確かに働く母親にとっていかに夕方がいかに忙しいかを理解している。この状況で、アリシアは以下のような責任を有する。

- 具体的学習を必要とする3歳児ミアに対する責任がある
- 仕事が忙しく、そして彼女の子どもに対する彼女の希望を尊重するに値するミアの母親であるエリーに対する責任がある
- 子どものニーズを満たす責任のあるアリシア自身に対する責任がある
- プログラムの質やクライエントとの関係・コミュニティとの関係に関心を持つ同僚に対する責任がある。

　この状況において、アリシアが最初に行うことは、彼女がエリーの要求を理解したことを確認することである。アリシアは、エリーの要求の本当の理由を理解するために、彼女と話す手はずを整える。アリシアが判断に疑問を持ち、丁寧に話を聴くことは重要な点である。

　本当の問題は、就寝や次の日の園のために、ミアをきれいにさせることなのか。若しくは、その家族の文化や価値観に対応しなければならない他の理由があるか。ある家族は、清潔で整った身なりで子どもを学校に送り出すことが、園に対する適切な敬意であると感じているかもしれない。

　コミュニケーションの質は、この事例において最も重要なものである。アリ

シアは対話する中で、母親の希望を軽んじたり、母親の観点を批判したりすることなく、注意深く聴かなければならない。親の考え方を理解し、文化的な違いを認識し尊重することは教師にとって非常に重要なことであると、NAEYC倫理綱の改訂版では強調している。アリシアはいったん、エリーの要望の真意を本当に理解するように注意し、そしてアリシアは、ethical finesse が両者に有利な結果に到達するために適用されることができるかどうかについて考え始めることができる。

 2) ethical finesse を考える

アリシアは、この状況で ethical finesse の使用に適していることを理解できる。もしアリシアが、ミアを夜にきれいにさせるのが難しく、エリーの要望が本当であると確認できれば、ミアが汚れる活動に参加するのを許可する間、アリシアがエリーを助けるためにできる多数のことがある。エリーは自宅から清潔な服を送り届けることができ、そして、職員はミアが降園する前に洗い、着替えるのを手助けできるかもしれない。あるいは、ミアの髪は後ろに束ねることができるだろう。また、園は子どもたちが身に付けられる大きなシーツ、あるいはスモックを子ども全員に提供できるだろう。

この状況で ethical finesse の使用することは、クラス活動の修正を可能とするだろう。園は簡単にきれいにできる材料を提供するかもしれない - 洗える水性塗料、粘土の代わりのプレイドー（メリケン粉でできた子ども用の粘土）、水性マーカー、そして人や服にくっつかない別の芸術媒体。プログラムでは、歩道またはフェンスでお絵描きをするために、水を準備することができる。子どもたちは、汚れないように材料を制御するいくつかの方法を学べるだろう。保育者は、早い時間帯に汚れる活動を予定するか、より長い活動間の移行を提供することでプログラムを修正できるだろう。それによって、徹底した掃除の時間をより多くとることができるだろう。若しくは保育者は、週に一回（エリーの都合がよい日）に汚れる活動を予定することができるだろう。

ethical finesse は、このような状況全てで必要とされている可能性がある。しかし我々が倫理的ジレンマを扱う際、もし ethical finesse が機能しない場合に起こりうることについて考えることは、よいアイディアである。

3）倫理綱領において指針を探す

ethical finesse がその状況を解決しない場合、NAEYC 倫理綱領に目を向ける。中核的価値を見る時、彼女は、それらの相当な数がこの状況に適用できると理解できる。

- いかにして子どもが発達し、学習するかに関する知識を我々の業務の基盤に置く。
- 親子の絆を認識し、支援する。
- 子どもが家族、文化、コミュニティ、そして社会の文脈において最もよく理解され、支援されることを認める。
- 個人（子ども、家族成員、そして同僚）の尊厳、価値、独自性を尊重する。
- 誠実と敬意を基盤とした関係を背景にして、子どもと大人は、その可能性を最大に発揮できることを認識する。

その状況に関係する中核的価値の数は、アリシアがそれらを優先させる方法を真剣に考えることを示唆する。乳幼児教育分野では、子どもの全領域の発達への強い通時的な関与と、同等に子どもの家族のニーズと要望を尊重することと家族との密接な協働への強い関与を、NAEYC 倫理綱領は強調する。アリシアは母親との関係か子どものニーズを守ることがより重要かどうかを決定するという、やっかいなジレンマに直面している。

最初の選択肢は、ミアが汚れる活動への参加が続けられるように NAEYC 倫理綱領の多くの項目によって支持させることである。NAEYC は倫理綱領において、子どものウェルビーイングが最も重要な関心であり、そしていかなる状況でも子どもを傷つけない立場に立つ。子どもがいる全ての倫理的状況において、アリシアは最初に P-1.1「何よりもまず、我々は子どもたちを傷つけない。我々は、子どもたちに情緒的に害を与え、身体的に傷つけ、失礼な、品位を下げるような、危険で、搾取するような、怖がらせるような実践に参加しない。この原則は、倫理綱領の他の原則よりも優先される」を考慮しなければならない。

他の子どもに対する倫理的責任は、ミアが感覚遊びや芸術活動を続ける決定を支持する倫理綱領の理念（I）を反映している。

I-1.2 一人ひとりの子どもに関する特定の知識にだけでなく、乳幼児保育領域、子どもの発達領域、および関連する学問領域の最新の知識と研究をプログラム実践の基礎に置くこと。

I-1.5 子どもたちの社会的・情緒的・認知的・身体的発達を育むような、そして、子どもたちの尊厳と貢献を尊重する、安全かつ健康的な環境を構成し、維持すること。

注意深い観察と熟考の後、アリシアは汚れる活動に参加できないことがミアに有害と決定したら、その時は彼女が、エリーの要望を断るのは正当であろう。その際、アリシアは、①ミアを感覚遊びから除外することは彼女から意味ある学習経験を奪うこと、②ミアから重要な仲間との相互作用を奪うならば、感覚統合の問題や情緒的ダメージがあれば有害である、ことを主張できる。

二番目の可能性がある行動方針は、汚れる活動にミアを参加させないためにエリーが行うべきことであり、家族に敬意を示し、協働することの重要性を強調するNAEYC倫理綱領の項目を参照することで正当化されうる。

I-2.2 相互の信頼関係を発展させ、我々がサービスを提供する家族とのパートナーシップを築くこと。

I-2.5 それぞれの家族の尊厳と選択を尊重し、そしてその家族構成、文化、言語、習慣、および信条について学ぶよう努めること。

I-2.6 家族の養育観と、自分の子どもに対する家族の決定権を認めること。

P-2.6 家族が、自分たちの子どもと家族についての情報を我々と共有する時、我々はこの情報を園の計画立案および実施に際して考慮する。

4）行動方針を決定し、実行し、評価する

前述した倫理綱領の指針も踏まえて、さらに道徳理論や様々な情報を踏まえて、どのように対応するかを決定する。対応としては、ミアに汚れる活動に参加させるか（ミアを優先させるか）、参加させないか（エリーを優先させるか）になる。いずれにしても、対応の際に保育者は保護者と誠実にやりとりし、話を聴く雰囲気づくりが重要となる。そして、その選択肢に基づく行動指針が実行された後、保育者はその成果を評価しなければならない。

おわりに

最後に、専門職倫理および倫理的ジレンマに関する保育ソーシャルワークの課題と展望を2点示したい。

第1に、保育士養成および保育現場での倫理教育の充実である。すでに全国保育士会倫理綱領が採択され、倫理綱領を定着させるために、研修を通しての啓発、保育関係機関に倫理綱領の周知がなされている。さらなる深化を目指して、全国・地方自治体・保育園レベルの研修において、ワークショップを行うなどの取り組みが求められる。

第2に、倫理問題や倫理的ジレンマに関する取り組みの推進である。そのためには、調査などを通じて事例を収集し、問題を整理することが必要とされる。すでに本章で紹介したNAEYCの取り組みや、看護領域では倫理問題に関する事例収集と検討が行われており、参考になる。さらに、倫理的思考や技術が求められるため、倫理学に関する知見を取り入れる必要がある。

注

1) NAEYCのHP "Code of Ethical Conduct and Statement of Commitment (Revised April 2005), Reaffirmed and Updated May 2011", https://www.naeyc.org/files/naeyc/file/positions/Ethics%20Position%20Statement2011.pdf#search=%27Code + of + Ethical + Conduct + and + Statement + of + Commitment + %28Revised + April +2005%2C + Reaffirmed + and + Updated + May +2011%27.（2017年8月1日最終確認）。

引用・参考文献

奥西栄介（2005）「社会福祉援助の価値・倫理・専門性」谷口泰史・松本英孝・高間満・相澤譲治（編）『社会福祉援助技術論』久美。
柏女霊峰（2003）「特集の視点」『月刊福祉』第86巻第11号。
柏女霊峰監修、全国保育士会編（2004）『全国保育士会倫理綱領ガイドブック』全国社会福祉協議会。
高良麻子（2015）「専門職倫理と倫理的ジレンマ」社会福祉士養成講座編集委員会編『相談援助の基盤と専門職（第3版）』中央法規。
小山隆（2003）「福祉専門職に求められる倫理とその明文化」『月刊福祉』第86巻第11号。
Feeney, S. & Freeman, N. K.（2018）*Ethics and the Early Childhood Educator : Using the NAEYC Code*（Third Edition）, Washington, DC, NAEYC.
Kipnis, K.（1987）, "How to Discuss Professional Ethics," *Young Children*, 42（4）.

第Ⅱ部　保育ソーシャルワークの理論

第4章
保育ソーシャルワークと保護者支援

はじめに

　現在、日本における少子化、核家族化などの家族形態の変容と共に、子どもを取り巻く社会環境が大きく変化する中、子育ての難しさや育児不安を抱える家庭が増加している。また、地域の子育て力の低下等が問題視されており、子育てを社会全体で支えていくことが必須となっている。中でも、保育現場では、子どもへの支援に加えて保護者に対する支援が必要となり、保護者と共に子育てを行っていく姿勢が保育者に求められている。本章では、保護者支援の意義を踏まえ、現状と課題を述べるとともに、保護者支援において保育ソーシャルワークの必要性を概観する。また、保育現場の中でも保育所における保護者支援に着目し、保護者支援の現状と保育ソーシャルワーク実践について、保育士を対象にしたアンケート調査を用いながら考察したいと考える。調査結果から、保護者支援と保育ソーシャルワーク実践の課題と展望を述べたい。

1 保護者支援と保育ソーシャルワーク

(1) 保護者支援とは

　現代の少子化、核家族化の社会においては、家族が孤立する傾向にあり、子育ての難しさや育児不安を抱える家庭が増えてきている。そのため、養育機能の弱体化が懸念されている他、育児についての不安や日常的に生じる子育ての迷いなどを相談できる相手が身近にいないことが問題視されている。民秋言は、近年の子どもを取り巻く状況について、都市化は、地域社会の人とのつながりを疎遠にし、孤立化した親と子どもを多く生み出した他、核家族化は、祖父母

との触れ合いや世代間の育児文化の伝承を困難にしていると示唆している（民秋、2017、14-15）。加えて、少子化の現在は、兄弟関係の経験や遊び仲間の確保が難しくなっていること等を指摘しており、こうした社会状況は、地域社会において養育力の低下につながり、保育のニーズが量的にも質的にも増えてきていると述べている。このような時代背景を受け、子育てに対する社会的支援が求められる中、保育現場においては、子どもへの支援に加えて、保護者に対する支援が必要となり、保護者と共に子育てを行っていく姿勢が保育者に求められている。柏女霊峰と橋本真紀は、保育という行為が、子どもに対する保育と保護者に対する保育指導を行って始めて完結することを述べている（柏女・橋本、2008）。柴崎正行と会森恵美は、保護者支援とは「親を子育て主体者として位置づけ、保育者が日常の保育を通して親が安心して子育てをしながら親として成長することを支え、同時にこどもの健やかな成長を促すもの」と定義し、子どもの健やかな成長に保護者支援が欠かせないことを示唆している（柴崎・会森、2016、158）。現在においては、保育専門職としての保護者支援が必須となっているといえる。

　また、制度的に見ても、2000年の児童福祉法の改正により、保育士資格が国家資格化され、保育士は「保育士の名称を用いて、専門的知識及び技術をもって、児童の保育及び児童の保護者に対する保育に関する指導を行うことを業とする者をいう」（第18条4）と定義された。また、地域子育て支援の原則として、「保育所は、当該保育所が主として利用される地域の住民に対してその行う保育に関し情報の提供を行い、並びにその行う保育に支障がない限りにおいて、乳児、幼児等の保育に関する相談に応じ、及び助言を行うよう努めなければならない。② 保育所に勤務する保育士は、乳児、幼児等の保育に関する相談に応じ、及び助言を行うために必要な知識及び技能の修得、維持及び向上に努めなければならない」（児童福祉法第48条4）と定めている。法的においても、保育士は、子どもの保育に加えて、保護者に対する支援の役割が求められているといえる。

　次に、保育所保育指針において、保護者支援に関する記載がどのように示されてきたのかを見てみると、2008年告示の保育所保育指針においては、「総則」の中に、「保育所は、入所する子どもを保育するとともに、家庭や地域の様々

な社会資源とその連携を図りながら、入所する子どもの保護者に対する支援及び地域の子育て家庭に対する支援等を行う役割を担うものである」という文言が加わった。また、「第6章 保護者に対する支援」では、「保育所における保護者への支援は、保育士等の業務であり、その専門性を生かした子育て支援の役割は、特に重要なものである」ことが明記され「保育所に入所する子どもの保護者に対する支援及び地域の子育て家庭への支援について、職員間の連携を図りながら」積極的に取り組むことが求められた。2017年告示の保育所保育指針では、より広い意味で「第4章 子育て支援」として掲げられており、「保育所における保護者に対する子育て支援は、全ての子どもの健やかな育ちを実現する」ことができるように明記されており、「子どもの育ちを家庭と連携して支援していくとともに、保護者及び地域が有する子育てを自ら実践する力の向上に資するよう」述べられている。詳細を見てみると、「保育所を利用している保護者に対する子育て支援」では、保護者との相互理解として「日常の保育に関連した様々な機会を活用し子どもの日々の様子の伝達や収集、保育所保育の意図の説明などを通じて、保護者との相互理解を図るよう努めること」が明記されている。また、「保護者の多様化した保育の需要に応じ」ることや、不適切な養育等が疑われる家庭への支援については、「保護者の希望に応じて個別の支援を行うよう努めること」、「市町村や関係機関と連携」すること等が記載されている。「地域の保護者等に対する子育て支援」では、「地域の実情や当該保育所の体制等を踏まえ、地域の保護者等に対して、保育所保育の専門性を生かした子育て支援を積極的に行うよう努めること」が明記されると共に、地域の関係機関等との連携について示唆している。このように、保育所の特性を生かした子育て支援の一環として、保育士は、子どもへの支援に加えて、保育所を利用している保護者への支援及び、地域の保護者への支援の役割が求められている。

　しかし、一方で、安藤健一は、保育所に入所している子どもやその保護者、近隣・地域の子育て家庭まで、援助の対象が広がると共に、通常保育や子育て支援に加えて、障害児への支援、虐待発見・通告サポートをも担うなど、その対応の難しさや保育士への責任の重さが増していることを指摘している（安藤、2010、1）。小堀哲郎は、子育て支援や保護者支援を行っていく保育者の力量の

問題や研修制度の不確立を示している（小堀、2011）。丸目満弓は、保護者支援という言葉自体が曖昧で漠然としている側面を指摘し、具体的な内容や方法に明確な共通理解がないとしている（丸目、2014、174）。保護者支援の重要性が指摘される中、その内容や方法論については、未だ明確化されていない部分もあり、課題が残っている実情にある。

（2）保護者支援における保育ソーシャルワークの必要性

　保育所における保護者支援が求められることは、ケアワークが中心であった保育士の職務が、相談・助言・情報の発信といったソーシャルワーク的な機能も必要とされるようになったことを意味している。保育所においてソーシャルワークの必要性が求められるようになってきた過程をみてみると、2003年8月、厚生労働省は「次世代育成支援施策のあり方に関する研究会」の中で、「社会連帯による次世代育成支援に向けて」が作成され、その文書のなかに「保育所の子育ての専門性を活かす観点から、保育所が地域の子育てを支え、助ける存在として地域に開かれたものとなるとともに、家庭の子育て力の低下を踏まえ、ソーシャルワーク機能を発揮していくことが必要」ということが示された。また、2008年発表の保育所保育指針解説書では、「保育所においては、子育て等に関する相談や助言など、子育て支援のため、保育士や他の専門性を有する職員が相応にソーシャルワーク機能を果たすことも必要となります。その機能は、現状では主として保育士が担うこととなります。ただし、保育所や保育士はソーシャルワークの原理（態度）、知識、技術等の理解を深めた上で、援助を展開することが必要です」と言及している。このように、時代的な背景を受け、保育士にはソーシャルワーク機能を用いた支援が求められるようになってきた。

　保育ソーシャルワークの定義としては、伊藤良高は「保育ソーシャルワークとは、子どもと保護者の幸福のトータルな保障に向けて、そのフィールドとなる保育実践及び保護者支援・子育て支援にソーシャルワークの知識と技術・技能を応用しようとしているものであるといえるであろう」としている（伊藤、2011、13）。つまり、保育士は、保育ソーシャルワークを基に子どもと保護者にとっての幸福の実現を目指す専門職者の役割を担われているといえる。永野典詞は、保育ソーシャルワークを、「保育施設及び保育者が保育並びに社会福祉

専門職としての専門性を生かして、子育て家庭のニーズと社会資源との関係調整を図ることを目的に相談・支援にあたり、保護者の生活課題や問題を解決・軽減し、主体的で自立した生活を送ることができるように援助すること」と述べている（永野、2011、24）。また、山本佳代子は、「保育におけるソーシャルワーク実践の意義は、目の前の子どもに焦点化されず、彼らが育つ一義的な環境である家庭、そして地域へとその視野が拡大し、支援にあたることにある」とし、理論や理念だけではなく、保育現場で実践的にソーシャルワークを展開していく方法論を検討する必要性を示唆している（山本、2013、50）。加えて、井上寿美は、保育士がソーシャルワーク機能のどの部分を担うかが不明確であると述べている他（井上、2010、128）、鶴宏史は、保育の内容や方法とソーシャルワークの関係が曖昧であることを指摘した上で、保育士が行うソーシャルワークの試行の必要性に言及している（鶴、2006、65-78）。このように、今後ソーシャルワークを実践していくには、多くの課題が考えられる。しかし、現在は保育現場において、ソーシャルワークの機能を生かした支援が必須となっており、ソーシャルワーク意識を伴った保育士という新たな専門家像が求められているといえる。

2 | 保護者支援の現状と保育ソーシャルワーク実践

（1）保護者支援の現状

保護者支援の重要性が指摘され、保育ソーシャルワークの必要性が示されながらも、未だその実践においては多くの課題がみられている現状を踏まえて、本節においては、青森県内の保育所で勤務している保育士に対してのアンケート調査結果（有効回答数120票）を概観しながら、保育所における保護者支援とソーシャルワーク実践の現状について見ていきたい。調査は、2016年に実施し、対象者の性別は、男性2名（1.7％）、女性118名（98.3％）であった。[1]

アンケート調査から、保護者支援の現状について4つの回答結果を基に考察していきたい。1つめに、保育士が保護者から寄せられる相談内容として、回答が多かった順に記載すると、「子どもの健康面や病気の事」100件（83.3％）、「子どもの食事に関すること」94件（78.3％）、「育児の不安に関すること」92件

(76.7％)、「子どもの発達について」91件（75.8％）、「育児の仕方について」89件（74.2％）、「子どもの友人関係」71件（59.2％）、「離乳食について」49件（40.8％）、「褒め方・叱り方について」46件（38.3％）、「子どもとの遊び方について」43件（35.8％）、「保護者の就労の問題」17件（14.2％）、「保護者の経済的問題」4件（3.3％）であった。保育士が保護者から受ける相談として、子どもの健康面や食事、育児不安、発達、育児の仕方について等の相談が多く、保護者自身の就労や経済的問題といった項目は少数意見にとどまった。保育の専門職者として、保育の知識や技術を生かした助言が求められているといえる。

　2つめに、保護者から相談を受けた場合の対応について、どのような対応を行うことが多いのか尋ねたところ「同じクラスの保育士に相談する」103件（85.8％）、「その場で相談にのり、解決に導く」102件（85.0％）、「所長/園長に相談する」100件（83.3％）、「同僚保育士に相談する」100件（83.3％）、「主任に相談する」97件（80.8％）、「連絡帳で伝える」96件（80.0％）、「園長や主任から保護者に伝えてもらう」44件（36.7％）、「別室に移動して、個別面談を行う」35件（29.2％）、「日を改めて面談の機会をもつ」33件（27.5％）、「共通の相談事項を保護者会で伝える」12件（10.0％）、「あまり助言せずに見守る」5件（4.2％）という結果であった。相談を受けた時に、同じクラスの保育士や所長/園長、同僚保育士、主任に相談しながら対応を検討している様子がうかがえる他、「その場で相談にのり、解決に導く」という回答が85.0％を示していることからも、保育士にとって即座に様々な判断や助言を求められるケースが多いことがうかがえる。一方、「別室に移動して個別面談を行う」29.2％、「日を改めて面談の機会をもつ」27.5％と回答が少数なことからも、保育士にとっては、日頃の生活場面で行われる面接が主流になっていることが分かる。また、「連絡帳で伝える」が80.0％と保育士と保護者との貴重なコミュニケーションのツールになっていることが読み取れる。

　3つめに、在園児の保護者への支援を積極的に行っているかについて尋ねた結果、「積極的に支援している」90件（75.0％）、「積極的には支援していない」17件（14.2％）、「無回答」13件（10.8％）であった。在園児の保護者に「積極的に支援している」と回答した方の中で、どのような支援を意識的に行っているかについて78件の自由記述の回答があった。カテゴリーに整理すると、5つに

分けられた。具体的には、①『保護者からの相談対応・助言 (38件)』は、保護者から寄せられる相談や質問に専門職として悩みを聞き、育児不安の解消や子育ての仕方、子どもとの関わり方など、具体的なアドバイスをしている姿勢が記載されていた。②『情報の共有化 (14件)』では、家庭と園での子どもたちの様子を共有したり、保護者が必要な情報を提供したりすることで、園と保護者との関係形成につなげているという記載があった。③『子育て支援の充実 (12件)』では、子育て支援が充実するように、様々な講座や遊びを提供し働きかけているといった回答があった。④『積極的な関係づくり (10件)』では、朝夕の送迎時に保育士から積極的に声をかけたり、子どもの様子をこまめに伝えたりして、信頼関係を深めているという回答があった。⑤『育児不安の解消 (4件)』では、保護者が抱える育児不安を軽減できるように、その家庭に合った必要な声かけや対応を行っているといった回答があった。

一方、在園時の保護者に対して「積極的には支援していない」と回答した方の中で、なぜ積極的な支援を行う事が困難かに関する自由記述が11名からあった。カテゴリーに整理すると、2つに分けられた。具体的には、①『保育士側の理由 (7件)』としては、保育士の経験の少なさや、保護者にどのような支援を具体的に行えばいいのかが分からないという理由から積極的な支援に結び付けられないという回答があった。②『必要性のなさ (4件)』では、今のところ要望がない、支援を必要とされることがない等、保護者が支援を必要としていないという認識から、具体的な支援は展開していないという記載があった。

4つめに、地域の子育て家庭に対する支援を行っているかについて尋ねた結果、地域の子育て家庭への「支援を行っている」65名 (54.2%)、「支援を行っていない。」40名 (33.3%)、「無回答」15名 (12.5%) であった。「支援を行っている」と回答した方の中から、支援の具体的な内容として58名から自由記述があった。カテゴリーに分類すると6つに分けられた。詳細を見ると、①『子育て支援センターでの活動 (17件)』では、子育て支援センターでの活動を通して、相談にのったり、遊びを教えたりして、地域の子育て家庭の支援を実施しているといった回答があった。②『保育園開放日の設置 (15件)』では、保育園を地域の子育て中の親子に開放することで、育児相談等の支援につなげているといった回答があった。③『園のおたよりの配布等、情報の発信 (8件)』では、

地域の子育て家庭に、お便り等を配布し情報発信をすることで活動や支援につなげているという意見があった。④『一時預かり（7件）』では、地域の子育て家庭に向けての一時預かりの実施をしているという回答や、⑤『育児相談（6件）』では、育児相談の機会を設けているといった記載があった。⑥『子育てサークルへの支援（5件）』では、子育てサークルの情報を発信したり、交流の場を設けたりして支援を行っているという回答があった。

一方、「支援を行っていない」と回答した方の中から、支援を行うのが難しい理由に関する自由記述が23名からあった。カテゴリーに整理すると3つに分けられた。①『地域の子育て家庭との関わる機会の欠如（13件）』では、保育園と地域との交流のなさや、地域の子育て家庭の保護者と関わる機会の欠如から地域の子育て支援を行うことが難しいという回答があった。②『個人での支援の困難さ（6件）』では、園で支援を行っていない為や、支援の内容ややり方に自信がない、などが挙げられ、個人での支援の困難さが示されていた。③『支援を行うゆとりのなさ（4件）』では、保育士の時間的、精神的余裕のなさや、園内の事で精一杯であること等、記載されていた。地域の子育て家庭との交流のなさや、個人で行う支援の限界、ゆとりのなさに、地域の子育て支援に難しさを感じている側面が見られた。

（2）保護者支援における保育ソーシャルワーク実践

次に、アンケート調査から見えた、ソーシャルワークの学習状況や実践状況について述べていく。保育士に対して、ソーシャルワークの学習経験の有無を尋ねた。ソーシャルワークを学習したという回答が70名（58.3％）、学習していない41名（34.2％）、無回答9名（7.5％）であった。「ソーシャルワークを学習した」と回答した方のうち、どこで学んだか（複数回答有）については、「保育士養成校」40名（57.1％）、「研修会」31名（44.3％）であった。次に、現在、保育所でソーシャルワークを実践できていると思うかについては、「実践できている」と回答したのは32名（26.7％）、「実践できていない」が51名（42.5％）、「無回答」37名（30.8％）であった。「実践できている」と回答した方の中で、具体的にどのような場面でソーシャルワークを行っているかを尋ねた自由記述では、25名から回答があった。カテゴリーに整理すると、3つに分けられた。

①『相談援助に関すること（12件）』では、保護者の相談を聞いて、解決方法を導き出していることや、面談等を通して不安や心配事を取り除くようにしているといった回答があった。②『日常の保育場面（11件）』では、日常の会話などから育児の不安や困っていることを聞くことで不安解決の一歩につながるという考えや、日頃の関わりから、傾聴する姿勢でじっくり相手の気持ちを聞いて寄り添っていることなどが示されていた。③『他機関との連絡・調整（2件）』では、地域の専門機関を紹介するなどといった回答があった。

　また、実践できていないと回答した保育士に対して、今後ソーシャルワークを実践するためには、何が必要だと思うか質問したところ、35名から自由記述の回答があった。カテゴリーに整理すると、4つに分けられた。①『学習の必要性（12件）』では、研修会等に参加するなどして、知識を得て実践できるように、さらなる学習の必要性を感じているといった意見があった。②『ソーシャルワークの理解の向上（9件）』では、ソーシャルワークについてもっと詳しく知ることが必要など、ソーシャルワークについての理解の向上の必要性が記載されていた。③『体制の強化（8件）』では、相談しやすい体制づくりや、保育士をはじめとした十分な人材の確保について回答があった。④『専門的知識・技術の習得（6件）』では、専門的知識や技術、コミュニケーション能力等の習得が必要といった回答が寄せられていた。

　ソーシャルワークの学習経験の有無として、「ソーシャルワークを学習した」が58.3％に対して、現在ソーシャルワークを実践できていると答えたのは26.7％であり、現状においては、保育所でソーシャルワークを活用し、実践していくには難しい実態にあることがうかがえる。しかし、回答者の多くは、さらなる学習の必要性やソーシャルワークの理解の向上、専門的知識や技術の習得の必要性を感じており、それらを習得して、保育の現場に役立てたいという意見を持っている。保育ソーシャルワークが実践レベルで定着していくためには、日常の保育の中に、ソーシャルワークの視点を多く取り入れていくことが重要だと考える。上述したアンケート調査結果を基に、保護者支援における保育ソーシャルワーク実践の課題と展望について次節で見ていきたいと思う。

3 │ 保護者支援と保育ソーシャルワーク実践の課題と展望

（1）保護者支援における保育ソーシャルワーク実践の課題

　保護者支援と保育ソーシャルワーク実践の課題と展望について、5つの視点で見ていく。1つめに、個別対応場面におけるソーシャルワーク実践の導入についてである。まず、保育士に寄せられる相談に対しての、専門職としての的確な助言を行うことの重要性についてである。調査結果から、保育士が保護者から受ける相談として子どもの健康面や食事、育児不安、発達、育児の仕方について等の相談が多く、保育の専門的知識を生かした助言等が求められている様子が読み取れる。保護者にとって、子どもの健康面や育児の仕方などを保育士に尋ね、子育てに関する知識を習得することは、保護者自身の日常の子育てに役立つものであり、育児不安の解消が期待できる他、保育の専門的知識の伝達が日常的に行われることにつながる。保育士は、保護者からの子育ての相談等に、専門職者として、的確な助言や知識の教授を行う力量が求められているといえる。また、調査結果では、保護者自身の就労や経済的問題といった相談項目は少数に留まったものの、このような相談が寄せられた時には、家庭の状況や問題を正確に捉え、保護者自身が問題を解決していけるように、必要に応じて相談に応じたり、他機関の情報を提供したりして解決に導いていく広い視野が必要となってくる。

　次に、保育士が保護者から相談を受けた時の的確な対応と相談内容に応じた面接の実施についてである。調査結果より、保護者から相談を受けた際に、「その場で相談にのり、解決に導く」という回答が多い一方で、「別室に移動して個別面談を行う」、「日を改めて面談の機会をもつ」の回答が少数なことからも、保護者の状況や要望に合わせて、臨機応変に対応し、判断や助言を行うケースが多いことがうかがえる。また、保育士にとっては、日頃の生活場面で行われる面接が主流になっていることがわかる。保育士として、生活場面面接を通して、保護者の日頃の生活状況や、抱えている問題を早期に把握することにもつながることから、生活場面面接のスキルを重要視していく必要がある。また、現在は、個別面談（構造化された面接）のような形式での保護者対応は少

ない実態といえ、今後、保護者支援を積極的に行うことを想定すると、回答が少なかった個別面談などのさらなる充実が考えられる。保護者の要望によって、個別面談をいつでも行える体制づくりや雰囲気作りなどを行うことが必要といえるだろう。生活場面面接と構造化された面接の双方を、状況に応じて展開できる力量が必要といえるだろう。

　2つめにコミュニケーションや情報共有を通した、保育士と保護者との信頼関係の構築についてである。調査結果から、在園児の保護者に「積極的に支援している」と回答した方の自由記述の中で、保護者との「積極的な関係作り」として、保育士から積極的に声をかけ、子どもの様子をこまめに伝えることで、信頼関係を深めているという回答があった。丸目は、保育士と保護者の日常的なコミュニケーションにより、信頼関係が形成されることで、保護者支援につながることを示すと共に、保護者1人1人の個別性に応じたコミュニケーションスキルなど、高度な能力が保育士に必要とされることを述べている（丸目、2014、173-194）。挨拶や日々の子どもの様子の伝達等を通して、関係作りを実践し、保護者の話に傾聴や共感の姿勢をもって接するなど、日頃からの保護者とのコミュニケーションや関係形成を重要視していくことが必要といえる。加えて、調査結果から、連絡帳の活用が保護者との情報の共有や、コミュニケーションの媒体となっていることが読み取れ、保護者から相談を受けた時の対応の1つのツールとして活用されている実態がある。丸目は、現代のコミュニケーションに関する問題点の多くをカバーできるツールとして、連絡帳の意義が大きいことを述べている（同、191）。送迎時の会話に加えて、忙しい保護者に配慮した形で、連絡帳のやりとりが保育士と保護者との貴重なコミュニケーションの媒体となっているといえる。そのため、連絡帳の書き方の工夫や、保育士が伝えたい内容を的確に記載し、まとめることができる力や、保護者が必要としている情報を伝達する能力というものも必要になっているといえる。ソーシャルワークの視点をもち、保護者との日々の関係形成の積み重ねから、ひいては、保護者が子どもの発達上の課題を抱えていることを知ったり、保護者の育児の不安などを早期に発見したりすることへと結び付けることができる他、虐待など不適切な関わりにならないような予防にもつなげることができる。信頼関係の構築が、保護者の状況に配慮した支援や、保護者に対する個別の支

援へとつなげていくことが可能になるという視点を持つことが重要になる。

　3つめに、専門職としての視点を重要視した、ソーシャルワークの基礎知識に基づくニーズ把握についてである。調査結果から、在園時の保護者に対して積極的に支援を行う事が困難な理由について「保育士側の理由」として、経験の少なさやどのような支援が必要か分からないなどがあげられていた他、支援の「必要性のなさ」として、保護者からの要望のなさなどが挙げられていた。保護者支援を行うにあたり、保育士側の経験の蓄積だけに頼るのではなく、ソーシャルワークの基礎知識に基づく判断や支援を行うことが重要となってくる。保護者のニーズを把握するうえで、フェルト・ニーズ（支援される側が捉えたニーズ）だけに対応するのではなく、専門職としてのノーマティブ・ニーズ（専門職が捉えたニーズ）とすり合わせながら、支援として取り組むべきリアル・ニーズ（真のニーズ）を導き出していくことが必要となってくるといえるだろう。宮内俊一は、保護者からの相談を待つのではなく、保育士から積極的なアプローチを実施するなど、必要に応じてアウトリーチを行うことの必要性を示唆するとともに、自ら相談や援助を求めることができない保護者や、客観的には支援が必要な状態であっても困り感を持たない保護者に対して手を差し伸べていくことの必要性を述べている（宮内、2017、47）。専門職としての視点を持ち、保護者のニーズを的確に把握し、必要に応じて支援へと結び付けていくことが重要といえる。

　4つめに、保護者支援を支える、職員間での連携についてである。保護者から相談を受けた時の対応として、同じクラスの保育士や所長（園長）、同僚保育士、主任に相談しながら対応を検討しているという回答が多かったことからも、園の職員同士で意思疎通や連携を行いながら、保護者への対応をしていることが示されている。山本は、解決が難しい家庭の問題に対し、保育士個人が取り組むことはかえってリスクを高めることや、スーパービジョンを実践に導入する必要があることを示唆している（山本、2013、56）。相談を受けた保育士が1人で抱え込まずに、保護者の状況や相談内容に応じて、他の職員に相談しながら対応していくことが重要といえ、職員間の連携や相談しやすい体制作りが必須となっているといえる。加えて、調査結果より、地域の子育て家庭への支援を行っているは、54.2％にとどまり、地域の子育て家庭への支援を行うことが

難しい背景の1つとして、「個人での支援の困難さ」があげられていた。山本は、「保育ソーシャルワークを進めていくには、組織として子どもと保護者支援に対する共通認識を持ち、問題について全体で取り組む体制が必要とされる」ことを示し、保育所組織体制を整えることの重要性を述べている（同、56）。保育士一個人として行える支援には限度があり、園全体で取り組む体制作りが必須といえる。

5つめに、保育士自身の更なる学習の必要性についてである。ソーシャルワークを学習したという回答が58.3％に対して、実践できているという回答は26.7％であり、保育所でのソーシャルワークの活用は難しい側面もあるといえる。ソーシャルワークを実践するために学習の必要性や、ソーシャルワークの理解の向上、専門的知識・技術の習得等が必要という回答が寄せられており、ソーシャルワークの更なる専門的知識や技術の習得の必要性を感じているといえる。様々な社会変化や、その時々の子どもや保護者の姿に合わせて、保育や保育ソーシャルワークが展開できる力量を備えていく事が求められている。

（2）保護者支援におけるソーシャルワーク機能の活用

保育所における保護者支援の実情及びソーシャルワーク実践の課題と展望を述べてきたが、松本宏史は、「保育ソーシャルワークを単なる保護者対応・個別対応と矮小化してとらえる」べきではないことを示唆している（松本、2013、106）。また、奥典之と森内智子は、配慮を要する子どもへの専門的な対応とともに、職員間の情報共有や他機関との連携、保護者への対応などの場面でソーシャルワーク機能が求められていると述べるとともに、社会で孤立している保護者同士の関係をソーシャルワーク機能で結び付け、子育て文化を地域に築いていくことを示している（奥・森内、2015、50）。ソーシャルワークを、利用者の生活全体を捉え、人と環境の相互関係の調整をすることと捉えると、保育ソーシャルワークの活用においても、ミクロ・メゾ・マクロの視点が重要になってくる。具体的には、保育ソーシャルワークの知識・技術を基に、子育てに関する相談や助言といった個人への支援に加え、集団を対象としたグループワークなども想定される。米山珠里は、保護者会等の活動を通して、グループワークを導入し、保護者同士の交流の場、情報交換の機会を持つことで、育児不安の

解消を図り、良き育児法の伝授の場、子育て世帯の交流の場となることが求められることを述べている（米山、2012、47-60）。加えて、地域を対象としたコミュニティーワークが必要とされ、他機関との連携や協働などを行い、地域の子育て力の向上やネットワークの構築が重要となってくる。つまりは、個人・集団・地域社会・国や制度に対しての働きかけが必須となっており、子どもの最善の利益を目指し、ミクロ、メゾ、マクロレベルと拡大した視点を持ち、ソーシャルワーク機能を活用して支援していく視点が求められている。

　ソーシャルワーク機能の意味を、熊坂聡と舟越正一と庄司尚美は、「ソーシャルワーク理論や技術や価値をもって、その人と環境との間にあって、果たすことのできる固有の役割」と定義している（熊坂・舟越・庄司、2009、166）。また、ソーシャルワーク機能として示されているものとしては、1997年に日本社会福祉実践理論学会ソーシャルワーク研究会で、「ソーシャルワークの在り方に関する調査研究」において『ソーシャルワークの役割・機能』として、仲介機能、調停機能、代弁機能、連携機能、処遇機能、治療機能、教育機能、保護機能、組織機能、ケースマネージャー機能、社会変革機能を示している。加えて、レジデンシャル・ソーシャルワーク系として、米本秀仁と久能由弥（2014）は、施設ソーシャルワーク9機能モデルを掲げている他、フィールド・ソーシャルワーク系として、岩間伸之と原田正樹（2012）は、地域を基盤としたソーシャルワークにおける8つの機能を示している。保育分野を見てみると、松本實は、地域子育て支援センターの役割機能を提供型・アウトリーチ型・ソーシャルワーク型の3類型に分類しており、ソーシャルワーク型の支援活動の取り組みの中で活用している機能として、コーディネート機能、人材育成機能、啓蒙・情報発信支援機能、ソーシャルアクション機能、予防機能の5つを挙げている（松本、2017、41-45）。

　上記の調査結果からも明らかなように、保育士が行う保護者支援は、保育の専門性を生かす形で、子どもの保育や生活と深く関わりながら実践されることが多い。その点を踏まえて、保護者支援におけるソーシャルワーク機能の活用について見ていくと、第1に、保護者の抱える問題の解決に向けて、相談、助言といった「相談援助機能」を実践していくことが重要となる。朝夕の送迎時や、日常会話、連絡帳のやり取りを通して、保護者から寄せられる日々の子育

ての悩みなどに専門職として対応する他、保護者からの個人的な悩みを相談されることもある。普段からの保護者と関わりを通して信頼関係を構築し、日常の保育業務の中で、ソーシャルワークの視点を持ち生活場面面接を展開したり、特別な事情や問題を抱えている際には構造化された面接で対応したりする事が必要になる。第2に、人とその環境の相互作用を意識し、「調整機能」を活用して支援を行うことである。子どもを取り巻く家庭への的確なサービスに結び付けるため、保育園内外の人的・物的資源の調整を行い、それぞれの家庭の事情やニーズに合わせて、保育所でできる支援を行ったり、他の機関を紹介したりすることなどが考えられる。第3に、保護者の多様なニーズに対応するため、「連携機能」が重要となる。保育士個人での支援は難しい状況にあり、園の職員同士で意思疎通や連携を行いながら、保護者支援を実施していくことが必要である。加えて、地域の関係機関と連携することで、支援の幅を広げていくことが可能となる。第4に、保護者にとって必要な情報を発信、提供していく「情報発信機能」である。保護者に対して、必要な情報を提供し、共有することで、園と保護者の関係形成につなげられる他、情報発信を通して、保育の専門的知識の伝達につなげることも可能である。また、地域の子育て家庭などに、お便り等を配布し情報発信することで、活動や支援につなげていくことにつながる。第5に、「教育機能」である。園内外での学習や研修体制を整備し、保育士の力量を高めていく必要性があり、保育に関する知識や技術の伝授や、研修などを通しての日々の保育に向きあう時間なども必要といえるだろう。中でも、保育ソーシャルワークという新たな専門性の定着を考えた時、保育士の専門性の向上は欠かせないものとなる。第6に、保育園の特性を生かした、「予防機能」である。育児不安の解消や子育て中の保護者が孤立したり、虐待等に結びついたりしないように予防する役目を保育園が担っているといえる。保育園は、早くに子どもや保護者が抱える問題や異変に気付きやすい場所ともいえ、深刻な問題へと発展する前に関わることが期待される。子育てを社会で支えていくことが求められる現在、保育所は日常において、子どもとその保護者と密接にかかわることができる場所であり、相談や援助を求めることができる窓口的な存在であることが重要といえる。子ども・保護者・地域といった単位での支援が必須となっており、子どもの最善の利益を目指しソーシャルワーク機能

を活用しながら、保育の専門性を発揮する形で支援をしていくことが求められている。

おわりに

子どもの最善の利益を目指し、ソーシャルワークの視点を持って、日々の保育や保護者支援に従事することが必須となっている一方で、保育士不足など体制面や、研修制度の確立の問題など、様々な課題も蓄積されている。常により良い保育や保護者への支援を求め、自分の新たな能力に挑戦しながら、日々の職務に向き合うことは、同時に苦悩を感じることも多いといえる。専門職者として学ぶ努力を自ら課し、その限界を見出すうえでも、ドナルド・ショーン（Donald. A. Schön）が提示した「反省的実践家」としての視点も必要と考える（ショーン、2011）。反省的実践家としての保育士であり続けることで得ることができる新たな気付きは、保育ソーシャルワークという新たな専門性の定着に欠かせないものになるだろう。

注
1）調査は、青森県内の保育所を対象に2016年6月に郵送調査を行った。県内の各市役所ホームページにある認可保育所・保育園の一覧の中から、私立保育所を無作為に抽出し、40園に各15枚の調査票を同封し、保育士への回答をお願いした。回答が得られた園は、11園であり、有効回答数は120票、有効回答率は20.0％であった。プライバシー保護を遵守する観点から、匿名でアンケート調査を実施している。属性として、年代別にみると20代が40名（33.3％）、30代が34名（28.3％）、40代が23名（19.2％）、50代が19名（15.8％）、60代以上が2名（1.7％）であった。勤務年数は、「1～5年」23名（19.2％）、「6～10年」29名（24.2％）、「11～15年」22名（18.3％）、「16～20年」25名（20.8％）、「21年以上」20名（16.7％）であった。取得資格については、「保育士」120名（100％）、「幼稚園教諭」95名（79.2％）、「社会福祉士」3名（2.5％）、「介護福祉士」3名（2.5％）、「小学校教諭」2名（1.7％）であった。
2）保護者から受ける相談として多いと感じるものを、項目ごとに「よく相談される」「必要に応じて相談される」「あまり相談されない」「全く相談されない」「どちらともいえない」の5段階の中から1つ回答してもらった。そのうえで、「よく相談される」「必要に応じて相談される」を「相談される」に、「あまり相談されない」「全く相談されない」をを「相談されない」に改めて区分しなおし、「相談される」・「相談されない」・「どちらともいえない」の3件法での比較を試みた。

3）保護者から相談を受けた場合の対応について、どのような対応が多いのか、「よく行う」「時々行う」「あまり行わない」「全く行わない」「どちらともいえない」の5段階の中から1つ回答してもらった。そのうえで、「よく行う」「時々行う」を「行う」に、「あまり行わない」「全く行わない」を「行わない」に改めて区分しなおし・「行う」・「行わない」・「どちらともいえない」の3件法での比較を試みた。
4）米本と久能は、施設ソーシャルワーク9機能モデルとして、①利用者の（身体―精神―社会的側面・生活・環境）に関する情報の集約点②利用者への個別支援計画の作成・実施・モニタリング・評価の機能、③利用者の個別相談援助機能、④調整機能、⑤施設評価機能と施設改革機能、⑥資源開発機能、⑦研究機能、⑧教育機能、⑨リスク・マネジメント機能の9つを挙げている。
5）岩間と原田は、『地域を基盤としたソーシャルワークにおける8つの機能』として、①広範なニーズへの対応、②本人の解決能力の向上、③連携と協働、④個と地域への一体的支援、⑤予防的支援、⑥支援困難事例への対応、⑦権利擁護活動、⑧ソーシャルアクションの8つを挙げている。

引用・参考文献

安藤健一（2010）「保育士養成課程における保育ソーシャルワークの可能性――生活場面面接への展開過程――」『清泉女学院短期大学研究紀要』第28号。
井上寿美（2010）「『保育ソーシャルワーク』における『ソーシャルワーク』のとらえ方に関する一考察――『保育士が行うソーシャルワーク活動』を中心として――」『関西福祉大学 社会福祉学部研究紀要』第13号。
伊藤良高（2011）「保育ソーシャルワークの基礎理論」伊藤良高・永野典詞・中谷彪編『保育ソーシャルワークのフロンティア』晃洋書房。
岩間伸之・原田正樹（2012）『地域福祉援助をつかむ』有斐閣。
奥典之・森内智子（2015）「児童厚生員が必要としているソーシャルワーク機能について」『美作大学・美作大学短期大学部紀要』第60号。
柏女霊峰・橋本真紀（2008）『保育者の保護者支援』フレーベル館。
熊坂聡・舟越正一・庄司尚美（2009）「特別養護老人ホームにおける生活相談員の業務のあり方について――ソーシャルワーク機能に基づく生活相談員の業務分析から――」『山形短期大学紀要』第41集。
厚生労働省（2003）『社会連帯による次世代育成支援に向けて――次世代育成支援施策の在り方に関する研究会報告書のポイント――』(http://www.mhlw.go.jp/topics/bukyoku/seisaku/syousika/030807-1.html, 2017年11月3日最終確認)。
厚生労働省（2008）「保育所保育指針」(http://www.mhlw.go.jp/bunya/kodomo/hoiku04/pdf/hoiku04a.pdf 2017年11月3日最終確認)。
厚生労働省（2008）「保育所保育指針解説書」(http://www.mhlw.go.jp/bunya/kodomo/hoiku04/pdf/hoiku04b.pdf 2017年11月3日最終確認)。
厚生労働省（2017）「保育所保育指針」(http://www.mhlw.go.jp/file/06-Seisakujouhou-11900000-Koyoukintoujidoukateikyoku/0000160000.pdf 2017年11月3日最終確認)。
小堀哲郎（2011）『社会のなかの子どもと保育者』創成社。

柴崎正行・会森恵美 (2016)「保育所における保護者支援についての検討：「クラスだより」の分析を通して」『大妻女子大学家政系研究紀要』第52号。
ショーン，D. (2011)『専門家の知恵――反省的実践家は行為しながら考える――』佐藤学・秋田喜代美訳，ゆみる出版。
民秋言・西村重稀・清水益治・千葉武夫・馬場耕一郎・川喜田昌代 (2017)『幼稚園教育要領・保育所保育指針・幼保連携型認定こども園教育・保育要領の成立と変遷』萌文書林。
鶴宏史 (2006)「保育ソーシャルワークの実践モデルに関する考察（その1）――保育ソーシャルワーク試論（3）――」『福祉臨床学科紀要』。
永野典詞 (2011)「保育ソーシャルワークと保護者支援・子育て支援」伊藤良高、永野典詞、中谷彪編『保育ソーシャルワークのフロンティア』晃洋書房。
日本社会福祉実践理論学会ソーシャルワーク研究会 (1997)。
松本宏史 (2013)「『子どもの貧困』と保育士養成――保育士のソーシャルワーク機能をめぐって――」『滋賀短期大学研究紀要』第38号。
松本實 (2017)「保育所と地域子育て支援センターでのソーシャルワーク」櫻井慶一、宮崎正宇編『福祉施設・学校現場が拓く 児童家庭ソーシャルワーク――子どもとその家族を支援するすべての人に――』北大路書房。
丸目満弓 (2014)「保護者支援の前提となる保育士と保護者間コミュニケーションに関する現状と課題――保護者アンケートを中心として――」『大阪総合保育大学紀要』第9号。
宮内俊一 (2017)「保育ソーシャルワーカーに関する一考察」『社会保育実践研究』1号。
山本佳代子 (2013)「保育ソーシャルワークに関する研究動向」『山口県立大学学術情報』第6号。
米本秀仁・久能由弥 (2014)『相談援助実習・実習指導』久美。
米山珠里 (2012)「保育所におけるソーシャルワークに関する現状と課題――弘前市内の保育士に対するアンケート調査結果を中心に――」『東北の社会福祉研究』第8号。

第5章
保育ソーシャルワークと地域子育て支援

はじめに

　保育現場に持ち込まれる親子関係の課題に、育児不安や育児ストレスによる母親自身に向けた支援が必要になってきている。その背景には母親自身の生育歴や生活環境、また家族関係が複雑に関連しており、子どもを出産した時に抱えてきた問題が顕在化することがある。

　地域子育て支援は、育児不安を抱えている母親を救う手立てになり重要な手助けとなる。2017年3月31日厚生労働省告示第117号で保育所保育指針が改定された。第4章に子育て支援の項目3で示される地域の保護者に対する子育て支援には、保育所保育の専門性を生かした子育て支援を積極的に行うことや地域の関係機関等との連携が明確化された。本章では保育現場に必要な保育ソーシャルワークと大学が果たす地域子育て支援の実践についてふれていく。

1 地域子育て支援の現状と課題

　全国で地域子育て支援が浸透しつつある。その活動も自治体の後押しによる支援活動や母親たち主体で活動している民間団体、またNPO法人を含めると、地域性や文化等も含まれ多様化している。しかし子育て支援活動の根本的なところは、参加してくる母親たちの求める声に応じた内容が必要だという点である。

　活動に参加する母親たちは、子どもを連れて気兼ねなく参加でき、同じような子育てしている仲間がいて、集える場所を望んでいる。また保育者による些細なことでも相談に応じてくれる温かい受け入れを望んで参加している。この要求に応えるための場所と、専門職である保育者養成が今後の課題として示さ

れる。

（1）地域子育て拠点事業の活動を通じて

　地域の子育て支援事業を厚生労働省は、専業主婦を対象とした地域子育て支援拠点事として推進してきた。この事業の役割には、子育てをしている家庭と地域をつなぐ架け橋を作り、養育者である母親が、育児不安や育児ストレスを1人で抱え込まず、精神的な孤独を感じさせないように、居住している地域で、安心して子育てが行えるように支援することが含まれている。

　地域によっては多少の違いがあるものの、母親にとっては妊娠、出産、子育てと切れ目ない支援を地域で行うことが大きな目的に含まれている。改定された保育所保育指針でも「地域の関連機関との連携の中で市町村の支援を得て、地域の関係機関等との積極的な連携及び協働を図るとともに、子育て支援に関する地域の人材と積極的に連携を図るよう努めること」と明確化された。現在様々な地域子育て支援事業が展開する中で、大学を中心とする支援を活動している地域貢献としての子育て支援事業がある。大学の機能は高等教育機関であり人材育成がある。保育の中には、子育て支援のできる人材育成があり、児童虐待予防に向けた支援方法、家族に向けた支援など保育ソーシャルワークの技術を習得していける教育も児童虐待の問題解決につながる。同時に支援方法は育児に困っている親子を対象とし、母親の要望に寄り添い一番必要な支援方法を模索し支援を行き届かせていくことが重要になる。また困難事例については医療機関や他相談機関との連携を行うなど、多方面にわたり支援を行っている。

　以下本学の地域子育て支援に向けた取り組みと活動を見ていく。

（2）高崎健康福祉大学における地域子育て支援の実践
① 親子ふれあい教室

　2006年に本大学が申請した文部科学省のオープンリサーチ構想による助成金が採択され、大学内に「子ども・家族支援センター」（以下センター）を設置した。活動から10年間が経過し、2017年現在に至っている。

　センター開所当初は、大学近隣の子育て中の母親による電話相談が殺到し、連日センターに多数の子育て相談が寄せられた。相談内容は「子どもに泣かれ

て困る」「自分の時間が持てない」「子どもと一緒にいると自分の子育てに自信がなくなる、不安になる」等母親たちからの電話であった。開設当初は子どもの発達や教育関連、高齢者等介護等一般的な相談を想定していたが、予想に反し子育てによる相談が大多数を占めていた。その為これらの母親たちの要求に応えるために、相談内容を育児不安の解消等子育て支援に特化したサービスを提供する方針に変え、母親の思いに応える支援を行うことにした。子どもたちと一緒に遊びに来る為のプレイルーム、活動に必要な玩具や絵本を揃え、親子が遊びに来る場所と親子の相談に関われる専任保育士を置き、親子を視野に入れた子育て支援を企画考案した。母親から「子どもとどのように関わっていければ良いか分からない」という相談もあることから、遊びの活動と相談できる場所と人材の確保を行った。また大学内ではこの活動に参加したい教員に呼びかけ、4学部7学科の教員が関わる支援体制を整えた。

　月曜日から木曜日まで隔週（第1週・第3週）（第2週・第4週）に分け、6クラスから7クラスで1クラス5、6組の親子　12、13名程度の小グループをつくり、継続して対応することにした。活動時間は10時30分からプレイルームを開き、11時まで親子が自由に遊べる時間帯をつくり、11時に片付けを行い、11時10分から季節の歌によるリズム遊びと親子で楽器を用い歌を2曲歌い楽しみ、その後母親の膝による親子体操、参加親子の点呼、本日の活動として、簡単な制作活動を取り入れ、親子で制作する時間を設けた。

　活動は、親子が楽しく遊べるように難しくない内容を前提にしている。制作が不得手でも負担がない範囲内の制作を考案し、親子が一緒にできる簡単な制作活動や簡単な季節の歌をリズム楽器に合わせて歌ったり、また母親の膝の上にのり揺さぶったりするなどの遊びを入れた。

　親子で遊ぶ事により、意図的に関わる頻度が増え、隣に座っている親子関係性を見ながら関わり方を真似できるなど、様々な点で親子にとっては刺激が得られる内容になった。また制作を終えると手洗いをして、持参したお弁当を参加した親子で食べることも楽しい活動になっていた。持参する昼食も母親の負担にならないように、作って持ってくる親子、コンビニで購入して持ってくる親子、学内の売店で購入する親子、販売でお弁当を売りに来るのを購入する親子など、様々な昼食持参を認め、みんなで楽しく食べることで親子の凝集性を

目的にした。

「親子ふれあい教室」を開始したところ、母親から育児不安が解消されたという意見を頂いただけでなく、その体験を同じく育児をしている友人たちに話し、新たに利用者としてその友人を連れてくる等、来所につながっている。このため広報活動をしなくても、年度が終了して新たな年度に移っても活動人数は十分満たされており、この10年間で「親子ふれあい教室」は地域の母親たちからの支援と支持で活動が定着していった。

10年の歴史を振り返ると3人目の子どもを持つ家族が6組、4人目の子どもを持つ家族が3組と少子化時代にもかかわらず、複数の子どもをもつ家族の参加が増え続けており、センターの活動による貢献がこのような形で役割を果たしていると言える。

相談スタッフが、大学教員（4学部7学科有資格者小児科医、精神科医、精神保健福祉士、社会福祉士、管理栄養士、薬剤師、保育士、心理相談員）であったこと、対応するミニレクチャーも専門家の相談を無料で受けられることで母親たちは毎回の活動を親子で楽しみに通っていた。

3年間経過した後「親子ふれあい教室」の評価を、活動に参加している母親たちを対象に「親子ふれあい教室」が母親の気分状況に与える影響によって調査した。調査方法は、3回にわたり日本語版POMS（気分評価尺度）を用い、参加前と参加後の母親の気分状況を調査した。またDVD録画から親子の表情や子どもとの関係性の変化を観察した。研究の倫理配慮では、活動参加の際母親には研究協力の同意を得たうえで、DVD収録、アンケート調査に同意も得られた親子を対象に調査を行った。対象者は、「親子ふれあい教室」参加前34名、参加後33名、活動後自主グループで残った親子20名である。参加前後の比較にはFriedman検定を用いた。結果は以下の通りであった。T-A：緊張・不安項目について参加前は、12.7で同年代の女性平均値11.0より若干高かったが、参加後は9.5で低下し緊張・不安は改善されていた。D：抑うつ項目については、参加前は19.7で同年代の女性平均8.7より高く、子育てに関連した疲労感が母親を抑うつ状況に陥っていることが示された。参加後は15.6と低くなり、参加することで改善傾向が見られた。A-H：怒り・敵意項目については、16.4と同年代の女性平均値10.8に比べると高い傾向にあったが、参加後14.4と低下し

若干ではあるが、改善が見られた。V：活気項目については、平均値8.4と同年代の女性の平均値13.3よりも低かったが、参加後には11.3と高くなり、改善が見られた。F：疲労項目については、参加前には8.6で同年代女性の平均値と同じであったが、参加後は平均値が6まで低下し、改善が見られた。C：混乱項目については、参加前は平均値10.9と同年代女性の平均値7.7より高い傾向にあったが、参加後6.97と低下し混乱は改善されていた。

「親子ふれあい教室」には効果的な子育て支援のために役立っていた2つの機能があり、1つめは「親子ふれあい教室」による母親たちのグループ形成による仲間同士で支え合う場になっていたことである。2つめは親子に向けた専門家（小児科医、精神科医、助産師、保育士、精神保健福祉士、ソーシャルワーカー、心理相談員等）による助言や相談が円滑に行われたことである（千葉・渡辺・平山・田島、2009）。

「親子ふれあい教室」に参加後は、母親の気分状態が完全に優位になり、親子関係も安定していることが結果に表れていた。地域の子育て支援の役割には、子育ての不安や悩みの相談を受けることができる場所と人材の機能を持ち、親子の交流の場となる子育て支援拠点を作ることも大切な要素となる。大学が地域の育児不安の解消にむけた子育て支援の一助になることは、知的財産を地域に還元することにつながるため必要なことである。

② プレママ教室

本学支援センターでは、妊娠中の健康状態を支援すると同時に出産後の母親のメンタルヘルスの支援を目的に、本大学の看護学科教員（助産師の資格をもっている）に依頼し、妊婦への支援を開始した。

2010年から2014年までの4年間に渡り、プレママ教室を開始した。活動内容は月1回（水曜日）「親子ふれあい教室」が開催されるプレイルームで行い、本大学看護学科教員で助産師の資格を持つ支援者が、チームを組んで「プレママ教室」を開催した。対象者は、「親子ふれあい教室」に参加している母親たちで、その殆どが第2子、第3子を妊娠したことがきっかけで参加していた。参加のきっかけや背景には、第1子の時に妊娠、出産、育児の方法など、乳幼児の関わりかた、を1人で行わなければならず、相談する人がいない中で、子どもを出産することが不安であったことや、転勤族で本大学近隣に移り住み、見

ず知らずの土地での妊娠、出産、子育ては心細かったこと等が語られていた。母親たちの大半は実家が遠方にあり、親を頼りにできない状況も大きな要因があった。また母親によっては、第1子妊娠中に心身中毒症（妊娠高血圧症候群）に罹患し、入退院を繰り返し、妊娠期間を健康に過ごすことができずにいた。そのためどうしても第1子との関係がうまく築けずにいたことや母親自身もそれがどのような理由なのか分からず「親子ふれあい教室」に参加していた。その時母親が語った内容に「もう少し色んなことを教えてもらえるところがあったら良かった」「同じように妊娠している仲間と出会い、話ができたら良かった」など心細い中で妊娠、出産、子育てを行っていたことや孤軍奮闘しながら苦労して第1子を育てていたことが明らかになった。そこでプレママ教室による教室がどのように母親に影響を与えるか、母親の希望に沿いながら、妊産婦体操、妊婦の栄養、おなかの赤ちゃんへの言葉掛けや絵本の読み聞かせを行い、出産の状況に向けた対応、ベビーマッサージなど、妊娠から出産までのサポートを全面的に行った。その時の研究内容を以下紹介する。

　参加した母親の平均年齢は33.4歳であった。初産婦は1名、他4名は経産婦で、センターに第1子をつれて「親子ふれあい教室」に参加している親子であった。

　調査対象者は上記5名の妊婦で、妊娠中に思い抱いた妊娠や出産に関することへの相談、また出産後は「親子ふれあい教室」にて子育てに関する不安など一連の流れで、切れ目ない支援を始めた。調査方法として、参加した母親たちからはインタビュー形式をとり、自由に語りながらプレママ教室に関する評価を語ってもらい、その内容を録音し逐語録に記録、グループ化し、コード類似に分類してカテゴリ名をつけ分析を行った。

　結果は、「妊娠、出産や子育てに抱いていた疑問や心配な事」については、1．母体や胎児の状態に関する心配事、2．出産の痛みや産むということに関する心配事、3．第1子の退行現象や成長発達、健康状態に関する心配事の3つに整理することができた。「プレママ教室の評価」については、1．助産師との交流や心を通しての安心感、2．他の妊婦や乳児との交流を通しての安心感、3．妊娠期や分娩期の過ごし方の理解と生活の中での工夫、4．育児における心配事の理解と対応、5．色々な面での支援による満足の5つに整理する

ことができた（千葉・細川・新井・今関・新野・渡辺・田島、2015）。

　このことより、プレママ教室に参加した母親たちは、妊娠体験を共有する仲間がいることで安心感を得た。また子どもが生まれてからの対応に向けて精神的に余裕をもって関わることができた。第1子とは違う妊娠期を迎え、日常生活では安心感をもって生活することができた。そして出産後も精神的に安定した中で子どもを育てることにつながっていたことが母親たちの言葉に多く寄せられた。

　助産師が女性の立場で妊婦を支え、子どもを産むという大きな喜びを実感として妊婦にもたせることができた支援は大きいと同時に、同じ妊娠体験の仲間同士の支え合いが支援になっていた。

③ 食育指導

　母親たちの多くは、子どもの好き嫌いに悩みに対してどのような献立にするか、またどのような調理方法で野菜を食べさせられるかを悩んでいる。好き嫌いは幼少時に見られ克服していくが、この課題に悩む母親も多い。2013年5月より2014年6月まで、月曜日から木曜日まで隔週10時30分から12時30分まで「親子ふれあい教室」の活動の中に食育指導を取り入れ、健康栄養学科教員による食育指導が開始された。全4回のコースを15回行い、参加親子は145名おり、その内訳は母親70名、子どもが75名の参加があった（阿部・大塚・綾部、2015）。

　メニューには、お好み焼き、パンケーキ、ひな祭り寿司、おまんじゅうを用意しそのねらいは以下に示す。

　お好み焼きについて「母親：おやつのあり方と子どもが食べやすい食材調理法を知る。子ども：食材を見たり、触れたりして色や形や感触、匂いに興味をもつ。」パンケーキは、「親：野菜の色を活かした調理法を知る。子ども：調理を経験し、親と楽しみながら力を合わせて作ることを喜ぶ。」ひな祭りのお寿司は、「親：行事を通じ、伝統的な食文化を大切にする。子ども：身近な道具で調理する楽しさ、一緒に食べる楽しさを味わう。」おまんじゅうは、「親：郷土料理の継承や地産地消の良さを知る。子ども：調理による食材の変化や不思議に気づき、調理することへの意欲を育む。」というようにねらいを設定した上で活動を行った。その結果、お好み焼き、お寿司つくりでは、材料を混ぜ、型抜きをしたとき、「まぜまぜ」「ぺったん」といいながら親子で一緒に調理を

することができた。お寿司は牛乳パックを使用して形を作り重ねたことで美しい重ね寿司になった。それを子どもたちは喜んで食べ、試食では、「家ではこんなに食べません」「野菜がたくさん食べられますね」と母親たちからの感想が得られた。パンケーキでは、ケーキツリーを作りクリスマスツリーをつくり飾ることを楽しめた。緑にするため小松菜を入れてきれいな緑のパンケーキができた。「このように野菜を入れるとたくさん食べられます」と感想があった。おまんじゅうでは、ホットプレートの蓋を開けた時「膨らんだー」「ほっかほっかだー」と言いながら、「こんなに手軽に出来るとは思わなかった」など郷土料理への関心がさらに湧いていた。食べることは楽しいことでもあり、親子で関わり楽しく調理ができることで、親子の関係性は向上し、育児不安の解消につながることや子どもの食べる力を育み、親への支援となることが明らかになった。より具体的で実践的な食育活動が、今後の子育て支援に役立つことが期待できる支援方法になる。

④ ヨガ教室[2]

　ストレス解消のために、子ども教育学科の幼児体育の教員が母親たちに向けた講座を開講した。参加者にヨガ教室の講座内容を説明し、研究データに使わせてもらう同意書をとり、協力できる母親に無料で開講し、子どもはプレイルームで担当スタッフ、学生が預かり、約1時間母親のリラックスタイムを作った。毎週火曜日10時30分に集合し11時〜12時の間で行う。母親たちからは、短時間でも自分のリラックスタイムができることはありがたいという好評を得ている。

⑤ ベビーフラダンス教室

　親子の関係性に焦点をあて、親子で楽しめるフラダンス教室を開催した。2014年から2017年現在まで継続しており、毎月1回合計37回の活動を行っている。親子の関係性で、こだわりの強い子どもや母親との分離不安が強い等、参加親子はそれなりの課題を抱えており、母親たちは子どもたちの特徴に日々悩んでいた。

　「親子ふれあい教室」に参加している親子が対象であった。親子にとって心地よい音楽を聴きながら身体を動かすことは、親子関係つくりにおいても役立ち、子育て支援の方法としても活用できると考える。従来親子が一緒に体を動

かすことはダンスの効果についても実証研究がなされている。ダンスセラピーでは、米国でダンスムーブメントセラピーとして、精神科病棟等でも取り入れられており、日本でも日本ダンスセラピー協会が設立され『ダンスセラピー』が発刊され資格認定も行っている[3]。

　ヘレン・レフコ（Lefco, H.）によると踊りの根源的には、他者との時空間の共有世界があり、他者の存在を許容する状態であると述べている（Lefco、1994）。6組の親子が参加しフラダンス参加前後の状況を日本語版短縮POMS気分評価尺度とDVD録画による検討を行った。実施期間は2014年5月から7月までの3カ月間で、対象者は12組の親子32名の内、同意が得られた6組11名の親子である。10時30分にはプレイルームを開けて、自由遊びができるようにし、子どもたちの様子を見ながら11時〜11時45分までの45分間の活動にした。途中1回休憩と水分補給を入れながら活動を行った。対象参加者については、6組あり、その1組の親子は、3人めが生まれ、長男2歳の2名と母親が「親子ふれあい教室」に参加していた。「親子ふれあい教室」の活動中、生まれた3番めの子どもに長男が噛みつき、また叩くなど暴力行為が頻繁に見られ、その状況に母親はいつも長男を大声で叱り、叱られる長男はエスカレートして母親に暴力をふるい、騒ぐ繰り返しの状況で活動中はこの兄妹と母親の怒る声が響いた。「フラダンス教室」には、家にいても騒ぐだけなのでと長男、次女、母親の3人での申し込みをしていた。

　2組めは9年間の不妊治療後に生まれた長女4歳とすぐ自然妊娠した長男2歳で、長女は幼稚園に進級したこともあり長男を連れて母親がきていた。長男はこだわりが強い子どもであり、ブロックも同じ形のもの、同じ色、組合せとそれがそろっていないと、それが気になり、ひたすら自分のこだわりを要求してくる特徴があった。母親は最初長男のこだわりが成長するにつれ治まるだろうと思っていたが、増々こだわりが激しくなり、その時々の癇癪と対応の難しさに強いストレスを感じていた。片付けに関しても他の子どもたちがすんなり行動に移すことができるが、できない状況に怒りを向けてしまう悪循環になっていた。子どもも母親の対応を受け入れられず、しばらく癇癪を起こすなど次々と課題が出始め、母親はとても気にしていた。「フラダンス教室」には、長男と母親の2人で申し込みをしていた。

3組めは、高齢出産で生まれた長女5歳、次女3歳の育児が上手くできずにいる母親だった。40歳を過ぎてから長女、次女2人の子どもを持つことができたが、次女の特徴である執拗にこだわることが長く続き、対応が難しくストレスを嵩じてくることが母親の育児の悩みであった。「長女はすんなり出来るのに、なぜ次女が上手く対応出来ないのか」、このことが母親は気になり、子どもの特徴や発達状況について受け止めきれずにいる状況であった。次女について母親は「しつこさが耐えられない」と常日頃、次女の行動や関わりに不満を述べていた。長女はすでに幼稚園に入園していることから、次女を連れて「親子ふれあい教室」に参加していたが、活動中はいつも溜息をつきながら、子どもと一緒にいることを楽しんでいる様子がうかがわれない状況であった。「フラダンス教室」には、次女との参加を申し込んでいた。

　4組めは、3組めと同様に仕事をしており結婚が遅く40代で第1子を妊娠出産、若いお母さんたちがどのように子育てをするのか一緒に子育てしたいと「親子ふれあい教室」には1歳前後より親子で通っていた。家族は夫の両親同居により、舅姑による子育ての介入で、母親の意図する子育てができないと母親が葛藤を抱えていた。長女は3歳で幼稚園入園、母親が1人でフラダンス教室に参加を申し込み、活動に参加していた。

　5組めは長女と次女の年齢が離れた家族で、長女6歳、次女1歳であり長女は小学校1年生で、次女と母親が「親子ふれあい教室」に参加していた。次女は新居購入による引越直後から乳児のような夜泣きが始まり、母親が夜泣きに悩まされていた。次女は意思表示がはっきりしており、気に入らないことがあると大泣きをしてそれが止まらない状況になっていた。長女も次女の泣き声に悩まされており、一家で次女の対応に苦慮していた。「フラダンス教室」には、母親と次女が参加していた。

　6組めは、長女6歳、次女1歳と姉妹の年齢が離れているが、妹の存在を快く思っていない長女が、次女を邪見に扱うことを母親は悩んでいた。幼稚園が休みの時に支援センターに来室した際、次女の持っていた玩具を取り上げて次女が泣き、それを見ていた母親が長女を怒る場面が短時間の間に何度も繰り返されていた。母親は長女が精神的に幼いと怒り、長女はいつも母親に怒られ思いを発散できず悪循環になっていた。「フラダンス教室」には、長女の幼稚園

が休みである土曜日に長女、次女と母親の3人で申込みをしていた。「フラダンス教室」では、支援センターの「親子ふれあい教室」でみられる姉妹の喧嘩はなく、曲が流れている中に長女、次女が参加した。母親が次女を抱きながら踊る様子をそばで長女は見ており、母親の袖口に触れながら一緒に踊る姿が見られ、母親、長女、次女の関係性はいつもとは異なり穏やかな時間が過ぎていた。

参加した6組の親子の様子と6名の母親たちの気分状況を検討した結果、フラダンス活動前と後では明らかに母親の気分モードに変化があり、D：抑うつが16から13へ変化し、A-H：怒り・敵意が19から15へ、F：疲労が19から13へ、C：混乱が17から13へと変化した。またV：活気は6から20へ上昇し、精神的な改善につながっていることが明らかになった。またDVD録画による観察でも、親が子どもに関わっている様子にも変化が見られ、「親子ふれあい教室」で観察された親子関係でみられる関わりとは全く違う関係性が観察された。

(3) 保護者のニーズにむけて
①「親子ふれあい教室」参加親子の希望調査

支援センター開設が10年目を迎えることで地域子育て支援の活動が定着し、育児中の親子の子育て支援の役割を果たしてきた。実際に参加してきた親子を対象に、今必要な支援や要望、また今後行ってほしい子育て支援の講座をふくめ調査を行った（川浦、2017）。

調査期間は2016年6月から8月で、活動に参加した親子28組母親28名に対してアンケート調査を行った。

参加している子どもの年齢と性別は、0歳　男児2名、0歳　女児2名、1歳　男児6名、1歳　女児4名、2歳　男児6名、2歳　女児8名、3歳　女児2名の計30名の参加があった。0歳では出産3か月後より参加していた。子どもの平均年齢は2歳1か月であった。また、母親の年齢は、20代1名　30代22名　40代5名　計28名であった。平均年齢　30.5歳であった。

「親子ふれあい教室」に通うことを決めた理由、目的は「子育て相談が出来る17名（60%）」「雰囲気がよい14名（50%）」「自宅から通いやすい13名

(46％)」「その他8名（28％）（母親同士で話してストレス発散になる）「無料である」「子どもの人見知りを慣らすため」「以前から活動に興味をもっていた」「入園準備」「子どもがのびのび遊べるスペースがある」「フラダンスなどを通して運動の機会がもてる」

「親子ふれあい教室」に通うことで、目的を達成し、悩み解決に役立ったか良い方向に向かっている14名（50％）のうち　はい　13名（46％）　いいえ　0名。「はい」について以下の通りである。「子どもについて」では、「みんなの手洗いをみて手を洗えるようになった」「活動が気分転換になり、お昼寝ですぐ寝るようになった」「同年代の子ども、学生、先生などたくさんの人に接することで、子どもにも良い経験になった」「人見知りがひどく幼稚園に集団生活に慣れる目的で通っている」「上の子どもが同じように人見知りでひどかったがこの活動を通じて幼稚園入園してから泣くことなく通うことができている」。

「母親自身について」では、「外に長時間でることでストレスが減った」「子どもの発達相談ができた」「子どもの発達や食事内容など、先生や同じグループの母親と話すことで解決できるようになった」「1人めの育児不安で（自分が不安定になったときの子どもの育児不安相談ができた）、これがきっかけで2人め、3人めと出産するきっかけになった」「出産後も子どもの対応にとても親身に話を聴いてくれた」「ずっと親子で過ごしていると気持ちが沈むことがあり、『親子ふれあい教室』に参加することで先生に悩みを相談し気持ちが楽になった」。「親子ふれあい教室」の活動を通して、日頃感じていることを自由記述では、以下の通りであった。「子どもについて」では「今しかできない遊びを楽しめている」「先生たちに大変感謝している」「同じ年代の子どもたちと遊ぶことができ、人見知りをしなくなった」「人見知りが激しかったのでよくなればと思って参加している」「年齢の近い子どもたちと遊ぶことにより、子どもの発達を知る機会になることや、子どもが身体を動かして遊びたい欲求を満たし、すっきりした顔をしている」「同年代の子どもとの関わることの大切さ、先生たちと学生に見てもらうことで母親にべったりしなくなった」「子どもと離れた時、何回かは泣いたが待っていられるようになった」「子どもがとても活動を楽しみにしている」「季節の歌、制作は自宅に戻ってきても嬉しそうに家族に見せている」「活動の自由遊びでは一緒に活動しているお友達と玩具の取り

合い等の喧嘩もできるようになった」「喧嘩も人との関わり方であることでとても良い機会であり良い体験をしている」。

「母親について」では、「ここに来るまでの準備に朝は大変であるが、子どもが楽しそうに遊んでいる様子や同じグループの友達やママが待っていると思うと出かける気持ちになる」「親同士でわだかまりなく何気ないおしゃべりは、とてもリラックスできるので自分も楽しみに出かけている」「不安がなくなりこれでよいという確認ができ、焦らなくなった」。「親子の関わりについて」では、親子ともに成長している気がする」「普段ゆっくり関わることができないので、教室の活動を通して、子どもと関わることができて良かった」「親子ともに安心して過ごせる場を提供してもらい感謝している」「手遊びや簡単な制作を親子で作り楽しめることが良いことだといつも思っている」「制作や歌遊びなどで、親子で一緒に遊び楽しめることができることや、家に帰って上の子どもたちにも教えており姉や兄との関係、父親が興味をもって制作を見るようになった」。

「保育者・学生との関わりについて」では、「親以外の先生たちや学生に優しく接してもらい、これからの幼稚園に行くときの練習になっている」「先生が丁寧に親にも子どもにも関わってくれること、穏やかに接してくれることに感謝している」「ママ同士の輪が広がり、ストレス発散の場にしている。子どもも先生、学生、この場所が好きなので親子とも大変助かっている」「子どもとゆっくり向き合いながら関わることができるこの環境に感謝していることが明らかになった」。「親子ふれあい教室」に通う前後で、子どもへの関わり等変わったと感じることについて、「はい　18名（64%）」、「いいえ 1名（3%）」、「わからない 9名（32%）」はいと答えた内訳内容：「母親の気持ち」、「子どもとの関わり」2項目の記述は以下の通りであった。

「母親の気持ち」では、「子育てに対する気持ちが少し楽になった」「気持ちに余裕が持てるようになった」「あまり怒らなくなった」「怒らなくても良い日が増えた」「親に心の余裕ができた」「他の人と接することができない子どもだったが、先生や学生に関わってもらうことで人との関係性が広がった」。

「子どもへの関わり」では、「制作など自由に作らせることが多くなった」「笑顔で子どもに接する時間が増えた」「できるだけ子どもの話をゆっくり聞こ

うと思うようになった」「5歳になった長女が1歳からこの教室に通っていた。小さい頃から絵を描くことや制作が好きで家でもよく作っていたが、先生やお友達から褒めてもらうと嬉しそうにしていた。家で作ると紙屑や後片付けが大変で、作ったものよりも片付けに追われ、作った作品を褒めることがなかったが、このように作ったものを手に取って褒めることがとても大切であることが分かった。一緒に作る喜びも大切だということもわかった」「『親子ふれあい教室』に通い始めてから、余裕ができて、子どもたちとゆっくり遊ぶことができるようなった」「『親子ふれあい教室』の日を親子ともに楽しみにしていて、親は子どもが先生と遊んでいる間ゆっくりできるので、帰宅してからも穏やかに接することができた」。

2 │ 保育教育と「親子ふれあい教室」の関わり

(1)「保育方法論」と実践的活動の取り組み

2012年度Ⅰ期生より2014年度Ⅲ期生まで、「保育方法論」の科目の中に「親子ふれあい教室」の活動ができる授業計画を考え実践している。4年制大学に移行した際、保育・教育コース65名の学生にカリキュラムの中で「保育方法論」と「親子ふれあい教室」による親子の関係性を見る視点を取り入れる授業を展開してⅢ期生まで修了している。平成24年度Ⅰ期生は64名、平成25年度Ⅱ期生は61名、平成26年度生Ⅲ期は65名の保育・教育コースの学生が対象になっている。15回授業中2回の活動参加を学生の希望に合わせ事前に学生が自分のスケジュールを決め、参加する形をとった。1グループ5、6組の親子に対して3、4名の学生が参加する方法をとった。倫理配慮では、事前に参加している親子には、授業で活動に参加する旨を伝え、参加目的を説明した上で同意書にサインをもらった。また学生にも参加する親子に関する守秘義務やプライバシー保護への配慮を説明した上で、同意書を取った後、活動に参加させている。地域子育て支援活動における実践的取り組みとしてⅠ期、Ⅱ期、Ⅲ期の学生からの回答（190名）結果が以下のように得られた。

質問1：実際の親子の関わりをしたことや観察を通じて考えた事　Ⅰ期・Ⅱ期（125名）複数回答　1．親子でとても楽しく愛着が築けるコミュニケーショ

ンが取れていた59名(47%)親子に特徴があることに気づいた28名(22%) Ⅲ期(65名)1.親子の絆や関係性から親子に添った対応と関わり支援する必要性を学んだ29名(44%) 2.子どもの見守りの様子が親によって違っていた22名(33%)。

質問2:親子が一緒にいるとき遊びを体験して得られたこと Ⅰ期・Ⅱ期(125名)1.子どもとの遊びを親が一緒にしていた34名(27%) 2.母親を安全基地にしている31名(24%) Ⅲ期生(65名)1.母親を気にしながら安心した様子で遊んでいた20名(30%) 2.親子の制作時に母親の顔をみながら楽しく作っていた20名(30%)。

質問3:参加する前後での違いはⅠ期・Ⅱ期(125名)親子の関わり関係性、同じ空間でのやり取りが重要である51名(40%) 2.母親の存在を確認していた43名(34%) Ⅲ期(65名)1.親の気持ちに寄り添い保育できる保育者になりたい22名(33%) 2.子育て支援は大変であるが一番必要な保育であることに気づいた15名(23%)。

(2) 学生の意識の変化

3年間継続する中で、学生が子育て支援を意識した学びに変化していることが示された。活動内容は、通常の授業時間木曜日の2限目に「保育方法論」の授業とセンターの活動に参加する学生とに分かれ、毎週参加する内容にした。3年生前期まで、殆どの学生が幼稚園実習、保育実習を修了しているが、親子を観察する体験は初めてであり、親子の関係性に焦点をあてた関わりは、学生にとっても戸惑うことから始まった。学生の中には親子の間に入って保育をする捉え方もあり、親子の関係性を観察しながら、関係性を応援する目的を繰り返し伝えていくことを行った。その結果保育の一部としてではなく、この関係性を主流に置きながら保育をしていくことが重要であることが、徐々に学生に浸透しつつある。これらの視点は将来保育現場においても重要な捉えどころになり、保育の枠を広げた親子の関係性の中で対応できる力がついたと考えることができる。母親の抱える育児不安の解消に向けた実践は、学生にとっても新鮮な体験であり、子どもと母親が楽しく活動を行い、「自宅でも再び活動が継続出来ることが必要である」等の観察記録が増え、子育て支援に向けた取り組

みから学生の意識も変化している。

おわりに

　母親からの感想には「人見知りが治った」「一緒に遊べる時間が増えた」「家で一緒にいると遊び時間がなかったため、時間が持てるようになった」など「親子ふれあい教室」の活動を家族内で共有する時間ができたことや子どもが楽しみにしている場所になっていることがうかがわれた。子どもから「いついくの」と聞いたり、子どもが楽しみに活動日を待っている姿が見られたことが母親たちの感想からも明らかになった。

　「活動に参加することで夢中になって遊ぶ時間が増えた」「帰りの車の中でぐっすり寝るようになった」「大学が見えてくると「せんせー」と声を出すようになり部屋に入り遊びだすようになった」「親から離れて子ども同士で遊ぶようになった」など母親から率直な感想が示された。特に親子の密着した関係から「子ども同士の関わりができ玩具の貸し借り」「やりとりの中で子ども同士の関わりが増えて楽しそうにしていた」など関係性の中で成長を捉えている感想もあった。本学のセンターに通い始めた不安げな表情の親子の関係性は、笑顔で楽しそうに遊んでいる姿に変化している。このように屈託なく笑う親子の姿を見るたびに親子に向けた子育て支援の必要性としっかりとこの活動が根付いていることが大切であることが確認できた。

　10年間経過した現状は確実に子育て支援に貢献でき、保育ソーシャルワークとしての対応の中には、地域の特質に合わせた対応をしていくことが必要である。

注
1) 日本語版 POMS：T-A（緊張・不安）、D（抑うつ）、A-H（怒り・敵意）、V（活気）、F（疲労）、C（混乱）
2) 山西加織　ヨガ教室　高崎健康福祉大学人間発達学部子ども教育学科講師。
3) 日本ダンスセラピー協会（http://www.jadta.org/dance/index.html　2017年5月10日最終確認）。

引用・参考文献

阿部雅子・大塚恵美子・綾部園子（2015）「子ども・家族支援センターにおける食育支援活動の実践」『高崎健康福祉大学紀要』第14号。

川浦菜月（2017）「地域子育て支援の実情と課題——大学で行われる子育て支援と幼稚園で行われる子育て支援の比較——」『高崎健康福祉大学人間発達学部子ども教育学科保育・教育コース平成28年度卒業論文』。

千葉千恵美・細川美千恵・新井基子・今関節子・新野由子・渡辺俊之・田島貞子（2015）「子ども・家族支援センターのプレママ教室における妊婦への評価」『高崎健康福祉大学紀要』第14号。

千葉千恵美・渡辺俊之・平山宗宏・田島貞子（2009）「「親子ふれあい教室」が母親の気分状態に与える影響」『高崎健康福祉大学紀要』第8号。

レフコ、H.（1994）『ダンスセラピーグループセッションのダイナミクス』平井タカネ訳、創元社。

第6章
保育ソーシャルワークの対象としての子どもの貧困

はじめに

「子どもの貧困」というとどのようなイメージをもたれるだろうか。発展途上国で生活する子どもたちだろうか。2008年以降、日本でも広く「子どもの貧困」が知られるようになってきている。しかし、その認識は必ずしも正確ではない。例えば、2016年、NHKに登場した「貧困女子高生」はひどいバッシングを受けた。アニメグッズや高価なイラスト用ペンの所持だけでなく、アーティストのライブや1000円以上のランチの経験など、彼女のツイッターからの情報も収集された結果、彼女の貧困の現実は覆い隠された[1]。

結論から言えば、彼女は貧困に間違いない。経済的理由で「進学」という「普通の生活」をあきらめたからだ。本章では、「子どもの貧困」の正確な認識を取得し、その解決の有効な手法が、乳幼児期へのソーシャルワーク、すなわち保育ソーシャルワークであることの根拠を論じる。

1 「子どもの貧困」とは何か

(1)「子どもの貧困」の現在

「子どもの貧困」とは何か。小西祐馬は次のように定義している。「子どもが経済的困窮の状態におかれ、発達の諸段階におけるさまざまな機会が奪われた結果、人生全体に影響をもたらすほどの深刻な不利を負ってしまうこと」(小西、2017、12)。ポイントの1つは、子どもが経済的困窮に置かれている、お金がない状況を出発点にしている点である。2つめは、経済的困窮から派生する様々な複合的困難・不利が累積する環境に子どもがおかれてしまう点である。

例えば、虐待・ネグレクトや低学力、低い自己肯定感が経済的困窮とリンクしていることは多くの研究結果から明らかにされている。3つめに、これらの複合的困難・不利の累積が若者・大人になるまで継続しかねない、「貧困の世代的再生産」をもたらす可能性がある点である。

図6-1は、日本の貧困率の年次推移である。子どもの貧困率は前回2012(平成24)年の16.3％から2.4ポイント減少した13.9％となっている。およそ「7人の1人」の子どもが貧困に陥っていることになる。子どもの貧困率は、子どもがいる現役世帯（世帯主が18歳以上65歳未満で子どもがいる世帯）の貧困率や「大人が2人以上」の貧困率よりも高い現実にある。

ただし、この相対的貧困率は貧困を測定する1つの目安に過ぎない。相対的貧困率は世帯の可処分所得を世帯員1人1人の可処分所得に変換し、それを多

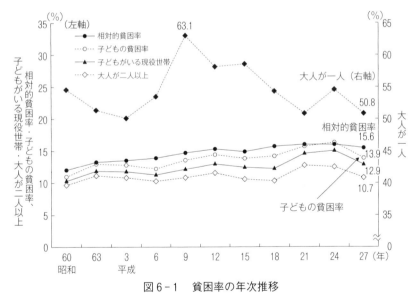

図6-1　貧困率の年次推移

注1：平成6年の数値は、兵庫県を除いたものである。
　2：平成27年の数値は、熊本県を除いたものである。
　3：貧困率は、OECDの作成基準に基づいて算出している。
　4：大人とは18歳以上の者、子どもとは17歳以下の者をいい、現役世帯とは世帯主が18歳以上65歳未満の世帯をいう。
　5：等価可処分所得金額不詳の世帯員は除く。
出所：厚生労働省「平成28年　国民生活基礎調査の概況」。

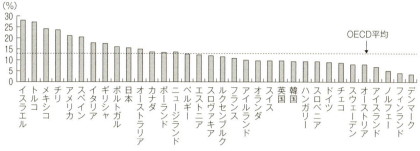

図6-2　子どもの貧困率の国際比較（2010年）
出所：内閣府『平成26年版　子ども・若者白書』p.30。

い順に並べた中央値の5割（貧困線）以下の割合を指す。したがって、人口全体の可処分所得が低下すれば、生活に必要な費用額とは無関係に、「貧困線」は自動的に下がる。その点では「最低生活費」のほうが貧困実態を捉えるのに正確であろう。しかし、相対的貧困率は次にみる国際比較の場合で有効な指標となる。

　図6-2は子どもの貧困率の国際比較である。2010年の日本の子どもの貧困率は約16％であったが、この数値は34カ国中10番目に高く、OECD平均を上回っている。日本は先進国の中で相対的に子どもの貧困率が高い国といえる。

（2）乳幼児期の貧困

　「子どもの貧困」のなかでも乳幼児期に着目する理由は以下の3つである。1つは、すでに先進国では乳幼児期の重要性が理解されており、多くの国では乳幼児の育ちに必要な投資がなされているためである。乳幼児期は人間発達に大きな影響を与える時期だからこそ、乳幼児期の貧困は深刻であり、かつこの時期に貧困を解決すれば人間発達への悪影響を小さく抑えることができる。そのために乳幼児期の保育（教育とケア）の重要性が世界中に知られるようになったのである（OECD編、2011）。2つめは、日本の子どもの貧困率のうち、乳幼児の貧困率が他のどの年代よりも高いからである。図6-3では、2004年段階の年齢階級別貧困率をみると、「5歳未満」の貧困率がどの年齢階級より飛び抜けて高い。しかも、1984年、1994年の貧困率と比較すると、年々上がり続け

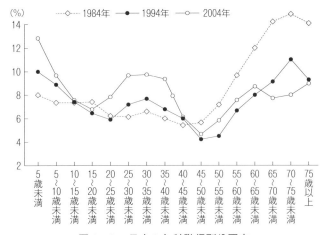

図6-3　日本の年齢階級別貧困率

注：貧困率とが、世帯規模を考慮した1人当たり可処分所得が中央値の半分以下の人の比率。
　　各年の貧困ラインは、1984年…104万8000円、1994年…159万7000円、2004年…148万8000円。
出所：ベネッセ教育総合研究所「BERD」(http://berd.benesse.jp/berd/center/open/berd/backnumber/2008_16/fea_ootake_03.html) を加筆。

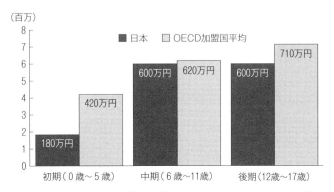

図6-4　日本における子ども期の各段階における1人あたりの公的社会支出

出所：OECD (2009), JAPAN Country Highlights, Doing Better for Children. (http://www.oecd.org/els/social/childwellbeing.)
出所：拙稿 (2017)「乳幼児期の貧困とソーシャルワーク」末冨芳編『子どもの貧困対策と教育支援』明石書店、p.43。

ていることがわかる。

　着目理由の3つめは、子ども・家族に対する公的社会支出のうち、年齢別にみると日本は乳幼児期に最も支出していない国だからである。図6-4は、子どもにかかる公的社会支出について3つの年齢段階ごとに分け、日本とOECD諸国の平均とを比較したものである。これを見ると、0歳から5歳に出されている公的社会支出が他の2区分、すなわち6歳から11歳、12歳から17歳に支出されている公的社会支出に比べて圧倒的に少ないことがわかる。日本の乳幼児期にかけている公的社会支出はOECD諸国平均の半分にも満たない。

　ところで、ジェームズ・J・ヘックマン（Heckman, J.）の知見（ヘックマン、2015）、すなわち乳幼児期の教育とケアがその後の人生に大きな影響を与え、貧困削減の効果があり、かつ将来の社会保障費の軽減や租税負担力も高めるという知見は、日本にもあてはまることがわかっている。柴田悠はOECDや日本政府が公表してきたデータを分析して次のように述べている。「長期的に見れば、保育サービスは『子どもの貧困の親子間の再生産』を減らし、『社会保障の長期的な投資効果』を高める。その点で、保育サービスが『子どもの貧困の予防』に貢献する総合的な効果は、本章の分析で指摘された短期的効果よりももっと大きいと考えられる。さらには、保育サービスは、社会保障の投資効果を高めることにも貢献するのである」（柴田、2016、198）。

　神田英雄は保育所における貧困事例を検討したのち、貧困の構造的把握を試みた。そこで神田が指摘した重要な点は、「子どもが抱える困難・不利」の背景には「家族の貧困」が存在するが、「家族の貧困」の背景には「競争原理と自己責任論、理念なき福祉行政」が存在している点であった。競争原理と自己責任論は資本主義社会の特徴である。これに対して福祉行政は、資本主義社会が生み出す社会的弱者にかかる競争原理や自己責任論を乗り越えるかたちで歴史的に登場し発展してきた。このような福祉行政がもはや「理念なき」という表現にふさわしいほど、「家族の貧困」を防止することができない点を神田は指摘するのである。

　筆者が「家族の貧困」の背景にある「競争原理と自己責任論」をここで強調するのは、日本が子育てを家族に依存する傾向のある「家族主義」の特徴をもつ国であり、ゆえに「子どもの貧困」の原因と解決を家族に押し付けやすいか

らである。しかし、こうした押し付けは家族を追い詰めることにしかならず、その結果、子育てにも悪影響を及ぼし、貧困解決の逆効果にしかならない。

「子どもの貧困」における家族責任論を乗り越えるためには、そもそも「貧困とは何か」の問いに立ち戻らなければならない。

2 │ 貧困とは何か

（1）貧困問題の発生

「貧困とは何か」。この問いに対する答えは簡単なものではなく貧困研究の間で論争が展開されている。しかし、古代・中世はもとより、近代社会の初頭において認識されてきた貧困はそう難しいものではない。それは、明らかに「普通の生活」とは異なった生活状態が、「貧民窟（スラム）」という特殊な地域と結びついて認識されていたためである。

「貧困」はすでにおよそ人類史上存在する事象である。しかし、近代以降の「貧困問題」を把握するためには、その発生理由である「貧困化法則（窮乏化法則）」を取り上げなければならないだろう。

貧困化法則とは、資本主義的蓄積の一般法則が全労働者に及ぼす諸結果のことである。「資本主義的蓄積の一般法則」について次のように説明しておく。資本主義生産では労働者が生産過程で創出する剰余価値（労働者の労働力の価値（＝賃金）を越えて生み出される価値）を資本家が搾取し社会的生産力を高める。隷属状態の労働者は資本蓄積が進めば進むほど、労働力が搾取されることにより相対的過剰人口（失業者）を形成するようになる。つまり、貧困化法則とは一方で富が蓄積されれば他方で貧困も蓄積される法則のことでもある。なお、この法則は相対的過剰人口の形成による貧困蓄積（貧困層の増加）のみを説明するものではなく、一般労働者の貧困化をも生じさせる意味もある。したがって、資本主義社会においては社会の富がいくら増大しても貧困層がなくなっていくことはないし、貧困問題が完全に解決・解消することはありえないとされる。

筆者がなぜ、いまなお論争点になりうる「貧困化法則」を持ち出して貧困の原因を問うのか。それは、自己責任論がいまなお根強く、しかも近年これが強化されていることに危機感を抱くためである。自己責任論は労働市場に主に以

下の2つの点を生み出す。1つは、「劣等処遇の原則」、すなわち「救済を受ける者の生活水準を、就労して自立している者の生活水準よりも低劣なものにする」という考え方である。これは、イギリスにおける1834年の「改正救貧法」において確立をみた救貧政策上の原則である。しかし実際には、資本主義的蓄積の一般法則を攪乱せずに貧困層への「見せしめ」的な役割を果たした。つまり、貧困層には過剰人口の存在として認めさせるだけでなく、労働者層には低賃金で勤勉に働かせる機能を発揮させるものである。もう1つは、自己責任論が「トリクルダウン論」と結び付けば、必要な所得保障を中心とする社会保障をいとも簡単に否定しかねない点である。トリクルダウン論とは、市場経済の生産性を優先し、富の蓄積によって、結果的に労働者層や貧困層にもその分け前を与えることができるという考え方である[5]。現実は、たとえ富の蓄積があっても、これを労働者の賃金や貧困層の所得保障に転化することなく、さらなる富の蓄積をめざして市場経済の生産性を優先する。つまり、劣等処遇の原則もトリクルダウン論も労働者にとって、たとえ低賃金でも低福祉でも働き続けることが優先される、自己責任論を強化する理論にほかならない。

　自己責任論による貧困観＝「個人主義的貧困観」が「社会的貧困観」に転換し社会福祉・社会保障が誕生したというのが社会福祉研究の常識である。その転換の重要な契機がチャールズ・ブース（Booth, C.）やベンジャミン・シーボーム・ラウントリー（Rowntree, B. S.）らによる「科学的貧困の発見」であった。

（2）絶対的貧困と相対的貧困

　「貧困の発見」者として名高いブースの調査は、職業と貧困に密接な関係があることを証明しただけでなく、特に常用労働者層のなかにも貧困層が一定割合で存在していることを明らかにした。つまり、貧困が「スラム」という特殊な地域だけでなく「普通の生活」のなかに隠されていることを発見したのである。この点について、貧困線を積極的に定義することによって、より明白なものにしたのがラウントリーである。ラウントリーは当時確立しつつあった栄養学の知見を利用して、個人の年齢、性別、筋肉労働の強さによって変化する必要カロリー量を基礎に家族の食費を算定し、これにほかの必需費を付加して、最低生活費を産出した。この「単なる肉体的能率を保持するために必要な最小

限度の支出」という貧困定義は、しばしば「絶対的貧困（absolute poverty）」または生存貧困（subsistence poverty）と呼ばれている。

「絶対的貧困」の捉え方の問題は、人間存在を肉体的能率の角度からしか捉えなかったことにある。人間生活はもっと社会的なものであり、また文化的なものである。人間はコミュニティで人々の関係のなかで生活しており、生活習慣にしたがって生活している。このような「絶対的貧困」の問題点から、ピーター・タウンゼント（Townsend, P.）は貧困を広く社会のなかの人々の生活との相対的な関連の下で把握しようとした。「相対的貧困」と呼ばれる捉え方である。

タウンゼントは「貧困」を、その社会で慣習になっている、あるいは少なくとも広く奨励または是認されている種類の食事をとったり、社会的諸活動に参加したり、あるいは生活の必要条件や快適さを保つために必要な生活資源（「普通の生活」）を欠いている状態と定義する。タウンゼントはこのために、相対的剥奪（relative deprivation）概念を利用する。人々は、社会で共有し参加することを当然とされる諸慣習および諸活動の体系として生活様式をもっているが、この様式を構成する諸目標を定めて、これらを充足している度合いを測定すれば、相対的剥奪の状態がわかるという。

様々な貧困概念の研究が進められるなかで、新たな貧困概念の提唱として注目すべきは、アマルティア・セン（Sen, A.）らの潜在能力（capability）に着目した貧困概念と、1980年代以降のヨーロッパ福祉政策のキーワードとなった社会的排除（social exclusion）概念である。

経済学者センは、経済学における財や効用概念から人々の福祉にアプローチすることを批判し、これに代わる概念として「潜在能力」を登場させた。潜在能力とは人間の機能の集合を示す。例えば「適切な栄養をとっている」とか「教育を受けている」「健康である」、あるいは「コミュニティの一員として社会生活に参加する」などということであり、これは人の福祉（well-being）状態を直接表すという。そこでセンは、貧困とはこの潜在能力における不平等に基づいており、「受け入れ可能な最低限の水準に達するのに必要な基本的な潜在能力が欠如した状態」と定義する（セン、1999、172）。貧困が問題なのは、経済的手段が不足しているからではあるが、そのために福祉を追求する能力がない

こと、必要最低限の潜在能力が欠如していることであるという。

(3) 貧困と社会的排除

ヨーロッパ諸国では従来の貧困の概念をより広く捉え深く掘り下げた「社会的排除」という概念のほうが社会政策の考え方の主流となりつつある。

従来の貧困の概念は、ただ単に金銭的・物品的な資源が不足している状況を示したものであった。例えば、所得が低い、所有物が少ない、大多数の人が楽しむ休暇やレクリエーションを金銭的な理由で楽しむことができないなどの状況を表したものであった。これに対して「社会的排除」という概念は、資源の不足そのものだけを問題視するのではなく、その資源の不足をきっかけに、徐々に、社会における仕組みから脱落し、人間関係が希薄になり、社会の一員としての存在価値が奪われていくことを問題視する。社会的排除は、人と人、人と社会との「関係」に着目した概念なのである。「社会的孤立」の問題がクローズアップされたが、「社会的排除」は単に「孤立」している個人の状態を問題にしているだけでなく、社会が人を追い出していくさま、社会と個人の「関係」を問題としている。多くの人々が所有する、労働市場から追い出され、社会の仕組みから脱落し、人間関係から遠ざかり、自尊心が失われ、徐々に社会から切り離されていくことが「社会的排除」である。

さきに「貧困」概念を「ただ単に金銭的・物品的な資源が不足している状況」とし、「社会的排除」概念をこれより「広く捉え深く掘り下げた」ものと述べた。しかし、そう簡単に両者の関係を整理できるものではない。例えば、貧困は資源の不足だけでなく、すでに参加の問題を含んで議論されてきたとする反論がある。タウンゼントの貧困概念で使用された「相対的剥奪」には、すでに参加指標も組み込まれていた。また、社会的排除と貧困とはどのような関係にあるのか整理をしたルース・リスター（Lister, R.）は、社会的排除は「貧困概念のひとつの見方であって、その代替物ではないということ」（リスター、2011、114）とし、貧困の諸側面に光をあてるレンズとして役に立つとしている。さらに、岩田正美は従来の貧困概念に社会的排除概念を付加することの有意義な点を以下の3つとした。第1に、社会的排除が常に「社会」との関係で用いられ、社会の中の個人を問う（人は社会を必要とする）と同時に、その社会その

ものを問う（社会は人を必要とする）概念である点、第2は、排除の主体を織り込んだ排除のプロセスを問題にできる点、第3に福祉国家の隠されてきた「対処」の仕組みの限界（例えば、アメリカにおける精神病院の閉鎖によるホームレスの拡大）を、主要な制度の限界とともに浮かび上がらせることを可能にした点、の3点である（岩田、2008、48-52）。

　志賀信夫は、リスターや岩田の「貧困と社会的排除」の関係性、すなわち従来の貧困概念に社会的排除という新たな要素を付加する概念整理について異議を唱える。志賀によれば、社会的排除概念は、貧困概念の到達点としてのタウンゼントによる「相対的剥奪」論の範疇を越えているものであり、これでは現代の社会状況の変化に耐えられないものがあるとする。現代の社会状況の変化が要請するのは、タウンゼントの「メンバーシップ（諸集団の地位・資格）」概念にもとづいた「社会参加」の欠如・不十分性の視点ではなく、「シチズンシップ（市民の地位・資格）」概念にもとづいた「社会参加」の欠如・不十分性の視点だというのである。「メンバーシップ」概念にもとづく「社会参加」は、消費生活の保障によって成立する可能性があるが、「シチズンシップ」に基づく「社会参加」はモノの給付だけでなく「自由」「権利」の実現という側面から考える必要があるとし、社会的排除の優位性を主張する（志賀、2016、44-73）。

3 「子どもの貧困」とたたかう保育ソーシャルワーク

（1）歴史的な視点——乳幼児期の貧困と保育——

　乳幼児期の貧困問題は歴史的にどのように対応されていたのであろうか。前近代であれば、それは堕胎・間引き、子捨てという個人的な対応に留まっていたといえる。近代に入ると、問題の一部は恤救規則での対応であろうし、また問題の一部は石井十次など民間慈善事業家たちによる先駆的な福祉実践による対応だろう。このような時代に保育実践を展開したのが「二葉幼稚園」であることは周知の事実である。

　華族女学校幼稚園の保母であった野口幽香と森島峰は、園児と異なる「道端に捨てられている子供」を見過ごすことができず、「貧民幼稚園」と呼ばれる私立二葉幼稚園を創設した。当初は寄付による運営で、1日5〜7時間の保育

を定員12名の借家で保育を開始している（園児は6名だったが、鮫ヶ橋移転後の1906（明治39）年には100名を保育した）。園児の父親の職業は「車夫」（人力車を引く者）、母親の職業は「巻烟草」（巻たばこ製造）が半数以上を占めていた（1900（明治33）年）。園児には、生活習慣の獲得（顔や手足の洗浄、薬の手当など）、言葉づかいの改善、買い食いの減少がみられた。1913（大正2）年、増築を続けて完成した二葉幼稚園には浴室や保母住宅室も設けられており、園児も250名を超えた。この時期は、保育料の廃止（その代わりにおやつ代を徴収）や朝早くから夕方までの長時間保育の実施、夏休みの廃止が実施され、3年後の1916（大正5）年には二葉保育園にその名称を改めている（宍戸、2014、125-183）。

（2）何が必要か──貧困解決に対する保育の有効性──

子どもの貧困解決の方法は多様である。しかし、阿部彩は「子ども期のなかで、貧困が後の人生にいちばん大きく響くのが就学前の乳幼児期である」とし、そのため「この時期は、家庭環境の安定がまず第一であり、家族を支援するための現金給付の拡充が求められるが、同時に、保育政策の一層の拡充が必要である」と述べている（阿部、2014、163）。

2014年に施行された「子どもの貧困対策法」に基づいて閣議決定された「子供の貧困対策に関する大綱」（以下、大綱）のなかで、乳幼児期についてみると、①幼児教育の無償化、②利用施設における利用者負担額の低所得者減免、③幼児教育内容の検討、④家庭教育支援チーム等による多様な子育て支援、の4点があげられている。国は保育所をとり立てて貧困対策の柱にはしていない。しかし、湯澤直美は都道府県における子どもの貧困対策計画の策定状況を調査し、島根県と沖縄県の計画を挙げ、「とりわけ保育所は厳しい経済階層の親子に接近できるという点で子どもの貧困対策における重要な支援拠点である」と述べ、「貧困家庭の早期発見や子ども支援・保護者支援という観点から、保育を子どもの貧困対策に位置づけていくことが重要であろう」と述べている（湯澤、2016、14）。

保育所など乳幼児とその保護者を支援する施設等が「学習機会の提供や情報提供、相談対応、地域の居場所づくり、訪問型家庭教育支援」（大綱）を実施するためには何が必要だろうか。その方法の1つが本書の追究する「保育ソー

シャルワーク」である。さらに、阿部は「保育所を貧困の最初の砦とするのであれば、家庭の問題に踏み込んで解決できるスタッフの数と専門性が必要であろう。学校にスクール・ソーシャル・ワーカーが必要であり、病院に医療ソーシャル・ワーカーが配置されるべきであるように、保育の現場にもソーシャル・ワーカーの役割を果たす人材が必要である」と、保育所へのソーシャル・ワーカー配置を提案する（阿部、2014、164-165）[6]。

おわりに

「貧困は見ようとしないと見えない」と言われている。高校生が高価なスマートフォンを所持しているだけで「貧困でない」と言い切ることは許されない。彼女の所得や家庭状況はもちろん、友人関係や自尊心も把握しなければならない。彼女がいかに「普通の生活」がおくれていないか、それらの点まで見ようとすることが「貧困を見る」ということである。

高校生ならまだ自身が「貧困である！」と勇気を振り絞って告発できるかもしれない。しかし、保育ソーシャルワークが対象とするのは、乳幼児とその保護者である。乳幼児の声なき声をキャッチし、親子を丸ごと「見ようとする」支援が求められる。しかも、乳幼児期の貧困に対して、「自己責任論＝家族責任論」に陥ってはならず、そのためには「貧困を見よう」とする努力だけでなく、私たち自身の貧困観に敏感でなければならない。

注
1) さしあたり、山野良一や阿部彩の著書を参照されたい（山野、2008）（阿部、2014）。
2) 母親と2人暮らしをする神奈川県内の女子高校生の暮らしがNHKの「ニュース7」（2016年8月18日放送）で取り上げられたことに端を発する。自民党の片山さつき参院議員もこの騒動に加わり、NHKに説明を求めている。NHKの見解は「本件を貧困の典型例として取り上げたのではなく、経済的理由で進学を諦めなくてはいけないということを女子高生本人が実名と顔を出して語ったことが伝えたかった」とのこと。スマホを持っていることは彼女たちのインフラであり、親と常に連絡ができる生活必需品である。友人関係をつなぐためにも、安く購入できた服を着て、貧困だとばれないよう気を遣い、1000円ランチも付き合いで仕方がなく食べることもある。
3) 神田英雄による貧困の構造的把握については拙稿を参照されたい（中村、2017）。

4）比較福祉国家論の視点から、日本が「家族主義」の性格を強くもつ国であることは、エスピン・アンデルセン（Esping-Andersen, G.）や少なくない日本の研究者からも指摘されている（アンデルセン、2000）（大沢、2004）。
5）阿部はトリクルダウン論について、発展途上国ではある程度正しいことが証明されているが先進諸国においてはあてはまらないとしている。「先進諸国においては、経済成長の便益が、市場経済を通して、自然に、貧困層に『トリクルダウン』する」わけでなく、「経済成長が最貧層の所得の増加と結びつくためには、政府からの現金給付というメカニズムが必要だったのである」と述べている（阿部、2014、34）。
6）筆者もこれまで貧困対策の観点から保育所にソーシャルワーカーが必要だと述べてきた（原田他、2014）（中村、2016）（中村、2017）。

引用・参考文献

アマルティア・セン（2000）『不平等の再検討』池本幸生等訳、岩波書店。
秋田喜代美・小西祐馬・菅原ますみ編著（2016）『貧困と保育』かもがわ出版。
阿部彩（2014）『子どもの貧困Ⅱ──解決策を考える──』岩波書店。
岩田正美（2008）『社会的排除　参加の欠如・不確かな帰属』有斐閣。
エスピン＝アンデルセン, G.（2000）『ポスト工業経済の社会的基礎──市場・福祉国家・家族の政治経済学──』渡邊雅男・渡辺景子訳、桜井書店。
大沢真理（2004）「福祉国家とジェンダー」大沢真理『福祉国家とジェンダー』（講座：現代の社会・経済とジェンダー4）明石書店。
OECD編著（2011）『OECD保育白書　人生の始まりこそ力強く：乳幼児期の教育とケア（ECEC）の国際比較』星三和子・首藤美香子・大和洋子・一見真理子訳、明石書店。
小西祐馬（2016）「子どもの貧困の定義とイメージ図の試み」松本伊智朗他編『子どもの貧困ハンドブック』かもがわ出版。
真田是（1978）『現代社会問題の理論』青木書店。
志賀信夫（2016）『貧困理論の再検討──相対的貧困から社会的排除へ──』法律文化社。
宍戸健夫（2014）『日本における保育園の誕生──子どもたちの貧困に挑んだ人々──』新読書社。
柴田悠（2016）『子育て支援が日本を救う──政策効果の統計分析──』勁草書房。
中村強士（2016）「保育所保護者への調査からみえた貧困　解決策としての保育ソーシャルワーカーの配置」秋田喜代美・小西祐馬・菅原ますみ編著『貧困と保育』かもがわ出版。
中村強士（2017）「乳幼児期の貧困と保育ソーシャルワーク」末冨芳編『子どもの貧困対策と教育支援』明石書店。
原田明美・坂野早奈美・中村強士（2014）「子どもの貧困と保育ソーシャルワーク」日本保育ソーシャルワーク学会編『保育ソーシャルワークの世界』晃洋書房。
ヘックマン, J.J.（2015）『幼児教育の経済学』大竹文雄解説、古草秀子訳、東洋経済新報社。
松本伊智朗編（2017）『「子どもの貧困」を問いなおす──家族・ジェンダーの視点から──』法律文化社。

山野良一（2008）『子どもの最貧国・日本　学力・心身・社会におよぶ諸影響』光文社。
湯澤直美（2016）「都道府県における子どもの貧困対策計画の策定状況――妊娠・出産期・乳幼児期をいかに位置づけるか――」『都市問題』2016年6月号。
リスター、R.（2011）『貧困とはなにか　概念・言説・ポリティクス』松本伊智朗監訳、立木勝訳、明石書店。

第7章
保育ソーシャルワークにおける解決志向アプローチの展開

はじめに

　2017（平成29）年、「保育所保育指針（及び幼稚園教育要領、幼保連携型認定こども園教育・保育要領）」の改定が告示された。「保育所保育指針」改定の方向性として、①乳児・1歳以上3歳未満児の保育に関する記載の充実、②保育所保育における幼児教育の積極的な位置づけ、③子どもの育ちをめぐる環境の変化を踏まえた健康及び安全の記載の見直し、④保護者・家庭及び地域と連携した子育て支援の必要性、⑤職員の資質・専門性の向上、の5つが示されている。その中で、保育ソーシャルワークに関係するものとしては、④の子育て支援に関するものがある。

　これまでの指針では、「保護者に対する支援」としていたが、新たな指針では「子育て支援」と名称を変えている。この改称について、汐見稔幸（2017、129）は、保護者支援とは、保育所に入所している子どもの保護者と地域に住む保護者の支援であり、子育て支援は園が拠点となって、子育ての様々な問題にかかわり支援する意味だと述べている。つまり、保護者を対象とした個別的な子育て支援だけではなく、地域のつながりを生かした、総合的な子育て支援の交流拠点となることを保育所に求めている。この役割を実際に果たしていくためには、保育所のソーシャルワークとしての機能をより一層高めていく必要があるだろう。したがって本章では、まず保育現場のおかれている現状について、時代を辿りながら概観した上で、その問題解決の具体的方法として、解決志向アプローチを挙げ、保育現場において実践モデルとして適用することの有用性について検討していく。

1 ｜ 保育ソーシャルワークの役割

(1) 保育現場を取り巻く諸問題
① 家族形態の変化

　私たちの生活する社会集団において、最も基礎となる集団の単位は「家族」である。日本の旧来の伝統的な家族形態は、直系家族制に基づく三世代家族であった。この頃は、農業、漁業といった第一次産業が中心であり、互いに協力して魚を捕えたり、田畑を維持していた。こうしたつながりは、「地域で支え合う」という連帯意識を作り上げ、強固な相互扶助機能が働いていた。また、子育てにおいても三世代家族の場合、家族内での問題が発生すれば、保護者以外の親族などが積極的に関与し支援に当たることが可能であり、このような多様な人間関係を通して、社会性や対人関係能力を身に付けることができていた。しかし、産業構造や社会構造の近代化に伴い、三世代家族から夫婦家族制に基づく核家族へと急速に変容したことにより、多くの新たな問題が噴出した。

　核家族化による地域のつながりの希薄化は、住民同士の相互扶助システムや連帯意識の低下を招き、高齢者世帯や子育て世代の孤立化を生み出した。また、家族構成員の減少は、子育ての密室化や家庭の教育力の低下へとつながり、その結果として近年深刻化している児童虐待や青少年の凶悪犯罪、いじめ、不登校へとつながっていることが指摘されている（文部科学省、2006、32）。地縁的つながりが希薄になり、個人主義が浸透したことで、他人からの干渉を遠ざけ、他人への無関心が広まってきている。

② 性別役割分担意識の変化

　1985（昭和60）年に成立した男女雇用機会均等法や同年に批准した女子差別撤廃条約を経て、1999（平成11）年に男女共同参画社会基本法が制定された。このことにより、男女共同参画社会の実現に向けた新たな社会制度の構築や整備が活発になされるようになった。その結果、女性は家庭を守り、男性は外で働くといった伝統的な性役割観から、平等的性役割観へと意識変化が起こり、女性の社会進出が飛躍的に拡大した。このことは、共働き世帯の増加、保育サービスへのニーズの多様化と高度化をもたらすことになった。さらに、女性

の経済的自立が進んだことにより、離婚率の増加や結婚をしないというシングルライフ志向（未婚化）も浸透した。こうしたライフスタイルの多様化は、子育ての在り方についても影響を与えた。

教育や育児は家庭から保育所や幼稚園などの教育・保育施設に任せる割合が大きくなり、それらの責任も家庭から外部に求める傾向が強まり、少子化なども相まって、結果として家庭内の教育機能や育児能力の低下を招いている。

③ 保育現場における保育者の役割

先に述べてきたように、家庭を取り巻く環境の変化は、家族システムの脆弱化、地域コミュニティの衰退、子育ての孤立化など、新たな問題を生み出した。この状況に対応していくための社会資源として、保育所による地域子育て支援が期待されるようになった。政策としては、1987（昭和62）年に予算措置として「保育所機能強化推進費」が始まり、1993（平成5）年の「保育所地域子育てモデル事業」において本格化した（山縣、2008、65）。現在では、「子ども・子育て支援新制度」のもと、地域子ども・子育て支援事業を通じて益々の充実が図られてきている。

このように今日、地域子育て支援の整備は積極的に進められており、保育所における保育士がその役割を果たしていくことへの期待は高い。2001（平成13）年の児童福祉法の一部改正で、保育士資格は児童福祉施設の任用資格から名称独占資格となった。その条文には、「保育所に勤務する保育士は、乳児、幼児等の保育に関する相談に応じ、及び助言を行うために必要な知識及び技能の修得、維持及び向上に努めなければならない」（第48条の3第2項）とある。つまり、保育士はこれまで行ってきた保育（ケアワーク）を行うケアワーカーのみならず、地域の子育て支援を実践するために必要な専門的知識と技術を有し、活動していくことが記されている。そして、そのために必要な専門的スキルについて、2008（平成20）年に改訂された「保育所保育指針解説書」では、「保育所においては、子育て等に関する相談や助言など、子育て支援のため、保育士や他の専門性を有する職員が相応にソーシャルワーク機能を果たすことも必要となります。その機能は、現状では主として保育士が担うこととなります」（厚生労働省、2008、184）とあり、保育士がソーシャルワークを活用しながら子育て支援活動を実施していくことが明記されるようになった。

以上のように、子育て問題が普遍化、社会化する中でこの問題を真に解決していくために、保育所の機能整備・拡充を進めるとともに、ケアワークとソーシャルワークの力を兼ね備えた、より専門性の高い保育士が求められており、そのための人材育成にも今後一層努力することが必要となってきている。

（2）保育現場における問題解決について

近年、経験年数の浅い保育士のみならず、中堅保育士や熟練保育士も保護者対応に苦手意識をもっている現状がみられる。中平絢子ら（2016a、21）が行った保育の経験年数別の保護者対応の違いについての聞き取り調査によると、若手保育士（保育経験2～9年）の場合、保護者の方が自分よりも年齢が上である場合が多く、「言いにくい」という意識があり、また相手にこちらが意図していることが正確に伝わるかと過剰に気にする傾向があり、自分に対する自信が低いことを指摘してる。中堅保育士（経験10～19年）や熟練保育士（経験20年以上）では、現場経験を積むことで保護者との関わり方を習得していける一方で、多様化する家庭環境などにより、保護者対応が複雑化してきており、困難を感じている現状を指摘している（中平他、2016b、28-29）。また、片山美香（2016）が行った若手保育者（保育経験5年未満）対象の保護者支援に関する質問紙調査では、保護者との信頼関係の構築に向けて、「送迎時の会話」を特に重視している一方で、ネガティブな内容を伝えるに際に、保育者は困惑感があり、「保育者自身の未熟さや、保護者の子ども理解を思うように促せない自身の不全感」が困惑感につながっていると推察している。また、今後の学習ニーズとして「課題を持つ子どもの保護者や、保護者自身が課題を持つ際の支援法」が挙げられ、保育者養成校においては「入職後の自己をイメージ化しながら、理論知を固める」ことの重要性を示唆している（片山、2016、11-26）。

以上のことから、多くの保育者が保護者支援について困難や困惑感を抱えており、特に経験年数の浅い保育者にその傾向が強く、保護者支援において対応できる支援法を求めている。保育所で働く保育士の約半数が7年以下の低い経験年数である現状（厚生労働省、2015、8）を考えると、保護者支援や地域の子育て支援を実践知のあるベテラン保育者だけに任せることは難しく、また保育者が専門職者であるならば、経験年数が低くとも理論知に基づく支援方法につい

ては入職するまでには備えている必要があるだろう。もちろん、今現在においても「相談援助」「保育相談支援」「家庭支援論」などの科目においてソーシャルワークなどについての基礎的な知識は修得してきている。しかし、若手保育者に支援法に関する学習ニーズがあるということは、より具体的なアプローチが求められていると考えられる。得た専門知識は現場において起こる様々な問題や困難な状況の対処に役に立ってこそ価値がある。

そこで、以下より子育て支援や保護者支援などに寄与する基礎的な援助技法として、多くの保育場面において広く活用が期待できる解決志向アプローチを取り上げ、その有効性と可能性について検討する。

2 解決志向アプローチについて

(1) 解決志向アプローチとは

解決志向アプローチ(以下、SFA)は1984年にアメリカのウィスコンシン州ミルウォーキーで設立された研究所、BFTC(Brief Family Therapy Center)で生まれ(長谷川、2004、202-203)、ソリューション・フォーカスト・アプローチ(Solution-Focused Approach)とも呼ばれる。解決志向アプローチの創始者は BFTC のド・シェイザー(de Shazer)とインスー・キム・バーグ(Berg, I. K.)らであり、ストラジックモデル、MRI モデルと並ぶブリーフセラピー(短期療法)の主要モデルの1つである。なお、この2者の教育背景はソーシャルワーク(修士)である(菱川、2004、4)。

この援助技法の最も大きな特徴は問題解決の方法として、原因に焦点を当てるのではなく、解決に焦点を当てるという点である。これまで、人の起こす問題の解決方法は問題の原因に焦点を当てる医学モデル(問題志向モデルともいう)が中心であった。医学モデルとは、患者の病因を探ることで身体の問題の解決を図るという考え方である。例えば、医療現場では通常、患者を治療する前にまず、正確な診断を行うことから始める。患者の身体のどこに、何が、どのように異常をきたしているのか、問題を引き起こしているものを、正確に見つけ出す必要がある。そして、その原因が把握できれば、それに対応する治療を講じる。つまり、原因と結果が直接的に結びついているという直線的因果律の考

えである。この考え自体は、シンプルかつ合理的な解決方法であり、私たちが日常生活の中で当然のことのように適応しているモデルである。

これに対しSFAは、解決志向モデルと呼ばれる立場をとっている。つまり、クライエントの抱える問題の原因に焦点を当てるのではなく、クライエントの持っている解決への糸口やヒントとなる事柄に焦点を当て、それらを拾い集めることにより、「解決を構築」していくという考えである。では、なぜ問題の原因をあえて求めないのか。それには、いくつかの理由がある。例えば、心理的な問題の原因は1つとは限らず複数存在する場合もあり、それらが複雑に絡み合っていることが多い。こうした相互作用のある状況で、個々に原因を取り出して考えていくことはできない。また、原因が明確であっても、その原因を取り除くことが現実的に困難であることもあり、時間をかけて原因探しを行ったとしても、必ずしも効果的な解決策が打てるとは限らない。さらに言うと、原因を取り除いたとしても、問題が解決するとは限らないこともある。以上の理由から、SFAでは原因探しに時間をかける代わりに、クライエントのもつ解決につながるリソース（資源）に時間を費やす。つまりこれは、クライエントはその問題に対して解決できる力や能力、リソースをもっているということを信じるという前提であり、何よりもクライエントのストレングスを重視したアプローチといえる。

（2）SFAの基本的な姿勢

ここで、SFAを展開していく上での3つの中心原理について記しておきたい（白木、1994、104）。

1）もしうまく行っているのなら、それを直そうとするな。
2）もし一度うまく行ったのなら、またそれをせよ。
3）もしうまく行かないのなら、なにか違ったことをせよ

(de Shazer & Kim Berg, 1989)

これらが、SFAのルールであり、この技法の展開過程の全体を通して一貫して貫かれるものである。1）は現在の状態の中で、うまくいっていること、壊れていないことがあるのなら、余計な手を加えたりせず、そのままに大事に

する。2）は偶然でも、やってみて、ましになったことや、ひと時でも解決した状態になることがあるなら、それは価値あることとして繰り返し行ってみる（Do more）。3）は、どんなに理に適っていると思われることでも、結果としてやってみてうまく行かないのであれば、別の方法を試してみる（Do something different）ということである。

　解決策は、1つではなく複数存在するものである。したがって、特定の方法に固執せず、様々な方法を試し（Do something different）、その中でたまたまでもうまくいったことがあったなら、繰り返しやってみる（Do more）、そして良い状態が続くのなら、それは価値あるものとして大事にするという具合である。また、こうした原則と共に面接者の姿勢、態度も大切である。SFAではクライエントのストレングスを重視するため、面接者はあくまでリソースを引き出すインタビュアーであり、解決する専門家はクライエントであるという立場をとっている。クライエントはすでに解決に足るリソースをもっていることを信じ、自身が主役になって解決を築いていくことで、自己肯定感や自己効力感を高めることができるのである。

（3）SFAの基本的な流れ

　SFAの流れは、大きくは、目標の設定と例外探しの2つに分けることができる。目標の設定とは、ウェルフォームドゴールと呼ばれ、クライエントの思考の枠組みをもとに、十分に練り上げられた現実的な目標を設定していくことである（De Jong, P & Berg, I. K, 2007a, 28）。例外探しとは、いつもなら当然のように問題が起こるような場面でそれが起こらなかったことや、いつもよりましであった状況について尋ね、そうした状況を探していく作業のことである。日常生活において、私たちの生活は絶えず変化の中で暮らしており、二度と同じ時間は戻ってこない。つまり、環境に変化が生じているのならば、抱えている問題も多かれ少なかれ変化していると考えるのが妥当である。問題について焦点を当てて考えれば考えるほど、これらの「例外」を見過ごしてしまっている。この見過ごしている部分を探す作業が例外探しである。そして、解決への変化に向けて導き出す方策として、有益な質問技法が用いられている。ここではいくつかある方法の中で、例外を見つける質問、ミラクル・クエスチョン、ス

ケーリング・クエスチョン、コーピング・クエスチョンの4つの質問技法について紹介する。

① 例外を見つける質問

先に述べたように、例外とは、問題が起きそうな場面で、そうならなかったことである。こうした出来事をSFAでは解決の一部と見なしている。問題の起こるパターンにどのような変化が生じたのか、例え変化は小さくとも、それはいずれ大きな変化につながる価値あるものとして捉え、具体的に尋ねてゆくのである。

② ミラクル・クエスチョン

ミラクル・クエスチョンとは奇跡を連想させることにより、問題解決を図る質問法であり、以下のような内容の質問を行う。

「少し変わった質問をしますが聞いてくれますか。今晩、あなたがベッドで眠りについている間に奇跡が起こって、今抱えている問題がすっかり解決してしまいました。でも、そのことに自分や周りのみんなは気付いていません。次の日、目が覚めてからどのような事から問題が解決したことに気づいていくでしょうか」

この質問技法の狙いは、現時点の困難な問題を抱えている自分の状態から、「解決してしまっている自分」という未来完了形の視点を加えることで、今までの思考に変化を生じさせることである。また、これからどのような良いことが起こるか、これから起こる良い未来について話し合うことで、面接者とクライエントの解決へ向けた取り組みを向上させる狙いもある。

③ スケーリング・クエスチョン

スケーリング・クエスチョンは、クライエントが現在の状態について、点数をつけ評価する質問法であり、以下のような質問を行う。

「今までで一番悪い状態を1点、最も良い状態を10点とすると現在、何点でしょうか」

この質問はシンプルであるが、非常に応用のきく質問技法である。現在の状況を客観的に数値化し、その数値に基づいて具体的な事象について話し合っていく。例えば、現在の状態が4点と答えた場合、どのようなところから4点あるとわかるのかを具体的に挙げていき、それらを、解決へのリソースとしてク

ライエントにフィードバックする。また、継続して面接を行う場合は、現在の点数を上げるために、必要な事や実行してみたい事、継続すべき事などを話し合い、それを課題として次回の面接へとつなげていくこともできる。

④ コーピング・クエスチョン

コーピング・クエスチョンは、今までどうやってやってこれたのかを尋ねる質問であり、クライエントの注目を不快で恐ろしい出来事による不安や苦痛から引き離し、その苦痛である状況を切り抜けるためにしていることへ向け直すものである (Jong & Berg, 2007b, 219)。例えば、「そのような大変な状況の中で、今までどうやってやってこれたのですか」「もっと悪くならないように済んでいるのはなぜですか」などである。これらの質問から出る答えは、否定できない事実であり、すでに実行してきた小さな成功体験である。こうして出てきた例外や努力がみつかれば、それについて賞賛（コンプリメント）し、価値あることとして認め、繰り返し繰り返しやってみる（Do more）よう促したり、スケーリング・クエスチョンを行い、次の段階の目標へと進めていくこともできる。

3 ｜ 保育ソーシャルワークとSFA

(1) 保育現場におけるSFAの有用性

保育現場において、SFAを用いる利点は大きく4点ある。1つめは、場所や場面を選ばず広範囲に適用できることである。あらかじめ時間と場所を決めた「構造化された面接」だけではなく、送迎時の立ち話や連絡帳やメールでのやりとりなどの日常的な保育場面において、幅広く活用することができる。技法を習得していくことは大切であるが、何よりも重要であるのが解決志向の考え方をもつことである。この考えを基本とした会話（ソリューション・トーク）は生活全般に渡り手軽に実践していくことが可能である。

2つめは、保育者の現場経験に関係なく使用できることである。SFAでは、クライエントが「解決の専門家」であるという立場をとる。そのために保育者は「無知の姿勢 (not knowing)」をとりながら、クライエントが既にもつ解決へのリソースを探っていく。したがって、保育者に求められるのは保育経験ではなく、解決志向に基づいた会話である。保育者はインタビュアーとして、いか

に解決に焦点を当てたソリューション・トークが展開できるかが求められ、保育経験に関係なく実施することができる。

3つめは、肯定的側面に焦点を当てるためクライエントと連携・協力関係を形成しやすい点である。問題を起こしている原因は誰なのか「犯人探し」をすると、それに対する抵抗や対立関係が生じやすい。原因探しをする代わりに、クライエントが取り組んできた解決への努力や行動に注目し、それらを価値あることとして評価することで両者のラポールが形成されていく。また、インボランタリーなクライエントに対しても良好な関係形成を築き易い。こうした協働関係が構築されると、解決への道筋がより早く明確になることにつながる。

4つめは、相談者が解決の主体という立場をとるため、クライエントの自己効力感が高まる点である。先に述べたように、クライエントの問題を解決する専門家はクライエント自身である。自ら問題を乗り越え、対処できたという経験を積むことで、問題対処能力や応用能力が高まり、次に同じような困難に直面した際は、解決へのリソースや例外を自身で探し出し、解決できる力が磨かれていくことが期待できる。

以上、保育現場におけるSFAの有用性について述べた。問題ではなく解決に焦点を当てる発想は、シンプルであり容易に試すことができ、かつ安全性も高い。特に、子どもの保育において、問題や原因よりも解決に焦点を当てるという考えは、子どものもつ素晴らしい才能を気付かせてくれる機会を与えることになるだろう。

(2) 保育現場におけるSFAの今後の展開

今後、SFAが保育現場において実践、展開されていくためには、どのようなことが必要であろうか。ここでは、保育者養成と現場研修での在り方について考えてみたい。まず、保育者養成においては、この段階においてSFAの基礎的理論を学ぶことが必要である。これについては、「保育相談支援」において、教授していく必要性についてこれまで述べてきている（河野、2011）。ただし、「保育所保育指針」の改定に伴い、保育士養成課程の見直しが行われ、「相談援助（演習1単位）」と「保育相談支援（演習1単位）」が再編整理され、「子育て支援（演習1単位）」が新設されることになっている（厚生労働省、2017、12）。

したがって、今後の動向を注視しながらの検討になるが、新指針では保護者支援中心から地域のまちづくりをも含めた総合的な子育て支援を保育所に求めていることから、新設科目において引き続きSFAのような、保護者や子どものいずれの場面においても実践適用できるスキルの享受が望まれることになるだろう。

次に現場における現場研修についてであるが、新指針では保育の質の向上に力が入れられており、そのための方法の1つとして、内外への研修参加を奨励している。こうした機会においてSFAをテーマとした研修機会を増やす必要があるだろう。さらに、新指針では職員の資質の向上にも重点が置かれている。これまでは、「自己研鑽」が求められていたが、新指針では、個人の努力ではなく「組織的な対応」をしていくことを求めている。したがって、施設全体がSFAの基本的考えや技法を共通理解し共有できるような仕組みを整えていくことが重要である。

その方法としては今後、保育分野で期待されるキャリアパスの構築があるだろう。例えば、キャリアパスに係る研修体系の「保護者支援・子育て支援」分野のリーダー研修でSFAの内容を取り入れ、それを園内研修において職員間で共有し、事例検討を重ねていくことで、継続的に専門性を蓄積することができる。したがって、こうした具体的な仕組み作りが検討される必要があるだろう。

おわりに

現在、福祉の在り方が見直され始めており、国はその改革の理念として「地域共生社会」の実現を掲げている。これは、かつて行われていた地縁、血縁などによる地域の相互扶助機能を再構築しようとするものである。この方針を受け、各福祉分野において「地域づくり」への取り組みが求められている。

子育て支援の分野では、保育所や認定こども園などが中心となり、地域にある社会資源を上手く活用しながら、地域の子育て力を向上させていく役割を担っており、新指針ではその方向性をより明確に示している。保育者に、より高い専門性が求められる中で、指標となる実践モデルが必要となってきている。

本章で述べてきたように、対人援助の領域において、高い効果を上げてきたSFAは保育の現場においても同様の結果をもたらすだろう。今後、保育現場でSFAが実践され、その成果を蓄積しながら、試行錯誤が繰り返されることで、より保育現場に適した形へと発展していくことを期待している。

注
1）幼稚園教育要領及び幼保連携型認定こども園教育・保育要領においては改定ではなく、改訂となっている。

引用・参考文献
長谷川啓三（2004）「ソリューション・フォーカスト・アプローチ」伊藤良子編『臨床心理面接技法1』誠信書房。
菱川愛（2004）「ソーシャルワーク実践とソリューション・フォーカスト・アプローチの援用」社団法人東京都医療社会事業協会編『医療ソーシャルワーク』53号、萌文書林。
片山美香（2016）「若手保育者が有する保護者支援の特徴に関する探索的研究──保育者養成校における教授内容の検討に生かすために──」『岡山大学教師教育開発センター紀要』第6号。
河野清志（2011）「保育相談支援における実践的アプローチの教授について：解決志向アプローチと行動変容アプローチの活用」『福祉倫理学術研究会論集』。
厚生労働省編（2008）「第6章 保護者に対する支援」『保育所保育指針解説書』フレーベル館。
厚生労働省（2015）「保育士等に関する関係資料」第3回保育士等確保対策検討会参考資料。
厚生労働省（2017）「保育士養成課程等の見直しについて（検討の整理）」報告書。
文部科学省（2006）『平成17度年文部科学白書』。
中平絢子・馬場訓子・竹内敬子・髙橋敏之（2016a）「事例から見る望ましい保護者支援の在り方と保育士間の連携」『岡山大学教師教育開発センター紀要』第6号。
中平絢子・馬場訓子・竹内敬子・髙橋敏之（2016b）「事例から見る望ましい保護者支援の在り方と保育士間の連携」前掲書。
汐見稔幸（2017）『さあ、子どもたちの「未来」をはなしませんか』小学館。
白木孝二（1994）「BFTC・ミウォーキー・アプローチ」宮田敬一編『ブリーフセラピー入門』金剛出版。
山縣文治（2008）「保育サービスの展開と地域子育て支援」『保育学研究』第46巻第1号。
De Jong, P. & Berg, I. K.（2007）*Interviewing for Solutions.* Third Edition. Brooks/Cole Pub Co.（桐田弘江・玉真慎子・住谷裕子訳『解決のための面接技法──ソリューション・フォーカスト・アプローチの手引き──第3版』金剛出版、2008年）。

第8章
保育ソーシャルワークの研究法

はじめに

　研究は、様々な現象についての我々の理解を深める活動といえる。保育ソーシャルワークで扱う現象は、「子どもの最善の利益の尊重を前提に、子どもと家庭の幸福（ウェルビーイング）の実現」（日本保育ソーシャルワーク学会HP）のための諸活動に関わるものである。

　研究法は、現実を観察することから理論を立ち上げ、新たな知を生み出すものと、先行研究から何らかの仮説を立て、他の研究者の知見を精緻化したり反駁したりするものの2種類があり、前者を仮説生成型、後者を仮説検証型といい、前者では質的研究、後者では量的研究の手法がとられることが多い。また、両者を採用する研究もある。

　保育ソーシャルワーク研究では、実践活動を対象にすることが多く、実践活動という現象を生成・維持・変容させているプロセスの中身や質を探求することが求められる。それに適した研究法の1つに、事例研究（ケース・スタディ：Case Study）が挙げられる。事例研究は、質的研究法に分類されることが多いが、仮説生成型研究と仮説検証型の研究の両方で用いられる。

　本章は、保育ソーシャルワーク学の研究法について、事例研究を通して考察する。まず、事例研究の定義と方法について概説する。次に、実際の事例研究を解説する。最後に、これらを通して事例研究が、保育ソーシャルワーク論を展開する上での重要な研究法であることを指摘する。

1 研究法としての事例研究

(1) 事例研究とは

山本力は、事例研究を「臨床現場という文脈で生起する具体的事象を、何らかの範疇との関連において、構造化された視点から記述し、全体的に、あるいは焦点化して検討を行い、何らかの新しいアイディアを抽出するアプローチ」(山本、2001、16) と定義する。

事例研究では、ただ単にある事例に対する問題解決のための事例報告や事例検討とは異なり、ある特定の視点から研究の目的を焦点化し、構造化した記述を行うことにより何らかの新しい知見を得るという研究のプロセスに沿っていることが求められる。

(2) 事例研究の方法

事例研究の方法については、イン (Yin, R. K.) が詳細に論じている (Yin、1994、邦訳)。以下、その文献に基づき、事例研究の方法の概略について述べる。

事例研究の実施には、他の研究と同様に、リサーチ設計が必要になる。リサーチ設計は、①研究問題、②命題、③分析単位、④データを命題に結び付ける論理、⑤発見物の解釈基準、の構成要素から成る。

事例研究においては、「どのように」「なぜ」という問題を設定し、説明すべき命題を設定する必要がある。また、対象とする分析単位を設定し、どのようなパターンが命題を説明することに適しているか、異なるパターンと実際の観測値がどれほど対照的であるかを示す必要がある。

研究では、その適用範囲が明確な理論命題を持ち、収集すべきデータとデータを分析するための戦略を決める必要がある。なお、事例研究の結果を理論に一般化するために、「統計的一般化」というサンプルから母集団に関する推論を行う方法ではなく、「分析的一般化」という追試の論理を用いる必要がある。

また、事例研究のリサーチ設計の質の確保のために、①構成概念妥当性 (事象を説明する尺度があらかじめ特定できているか)、②内的妥当性 (ある事象の因果関係が適切に説明できているのか)、③外的妥当性 (個別の事例研究による発見物が一般化で

きるかどうか)、④信頼性(信頼性では同じ方法を用いた研究を実施すれば、同じ研究結果が得られるか否か)、のテストを実施することが有効である。

事例研究の設計は単一ケース・スタディと複数ケース・スタディに分けることができ、これらの事例研究の設計はそれぞれ全体的ケース設計と部分的ケース設計に分けることができる。

2 事例研究の実際
――事例研究で適用する理論的背景――

(1) エコロジカル・ソーシャルワーク

保育ソーシャルワークの実践モデルでは、エコロジカル・ソーシャルワーク(土田、2006)や、ジェネリック・ソーシャルワーク(伊藤ら、2008)の導入が試みられている。両者ともに、その対象を人と環境との交互作用に焦点を当てるが、後者がミクロからマクロレベルまでを包括する理論であるのに対し、前者は、ミクロ・メゾレベルを中心にするクリニカル・ソーシャルワークの統合理論という違いがある(谷口、2003)。

どちらを導入するかは、誰が保育ソーシャルワークを担うかにより変化する。保育所にソーシャルワーカーを導入し、それを実施する際にはジェネリック・ソーシャルワークが望ましい。逆に、保育ソーシャルワークを保育士によるチームアプローチとするならエコロジカル・ソーシャルワークを導入する方がよい。なぜなら、実態として保育ソーシャルワークを担うのは保育士であり、ミクロ・メゾレベルを中心とした援助が想定されるためである。

そこで保育ソーシャルワークを展開するにあたって、筆者は後述の図8-4に示される枠組みを有するエコロジカル・ソーシャルワーク(谷口、2003)を基盤にした実践モデルを提案した(鶴、2009)。この実践モデルの視点は2つある。1つは、人と環境との交互作用に焦点をあてるエコロジカル・パースペクティブである。この視点を適用することで、親子の生活背景を捉えることができる。もう1つは、ストレングス・パースペクティブで、親子の潜在的・顕在的に有している様々な能力、豊かさ、健康さに着目でき、実践ではエンパワメントが志向される。

（2）行動変容アプローチ

　実践を具体的に方向付け、展開するための実践アプローチとして、学習理論に基づく行動変容アプローチ、その中でも応用行動分析を採用する。このアプローチでは、自発する行動を三項随伴性（先行状況－行動－結果の関係性）の枠組で捉える。つまり、行動をミクロレベルにおける環境との相互作用から捉え、それを分析し、援助を行う。そして、このような分析枠組において、課題分析、強化、変動強化などを含む強化の原理、シェイピング、行動連鎖などの技法が用いられる。

　このアプローチを採用する理由は、援助方法が具体的で、援助効果が客観的に判断できるためである（三原 2006）。つまり、三項随伴性の視点から、子どもの不適応行動などを子ども個人の要因に起因せず、環境構成や保育士の援助を分析できるためである。

（3）評価の方法

①シングル・システム・デザイン

　シングル・システム・デザインとは、「単一のクライエント／システム（個人、家族、小集団、組織、地域）を対象に使用される調査方法、または評価法」（平山、2002：29）である。具体的には、クライエントのニーズや問題を具体的な行動に定め、クライエントが介入を受けない時期と介入を受ける時期を経験し、その前後の行動を測定し、数値化したものを比較する方法である。その利点は、個別のケースについて実践に役立つデータが得られ、かつ日常の実践の中で実行しやすい点である。保育においては、子どもの不適応行動の改善や望ましい行動を形成する場合などの評価に用いることができるだろう。また、家庭においても具体的な行動を設定し、記録をすることで子どもと自分との関わりを客観的に見ることが可能になる。

　シングル・システム・デザインにはいくつかのデザインがあるが、代表的なものとしてABデザイン、ABABデザインなどがある（平山、2002を参照）。

②マッピング

　マッピングとは、「焦点化された問題状況に対し、当該状況の改善に重要なきっかけを提供するべく、生活環境の諸要因間の関係性とその全体相関性を、

地図のごとく表す記録法」（戸塚 2002：65）である。代表的なものに、ジェノグラム、ファミリーマップ、ファミリースカラプチュア、社会的支援ネットワーク図、エコマップなどが挙げられる。ここではエコマップを取り上げる。

エコマップは、個人や家族を取り巻く環境との関係を一定のルールにしたがって図示した要約記録である。個人や家族が有する関係性を把握でき、その時々の問題を抱える個人や家族のサポートネットワークを明らかにできる。

エコマップは、子どもと家族の関係や、子どもと家族を取り巻く環境を理解するのに有用であり、保育所を中心とする他機関・施設との関係を把握するのにも有用であろう。また、ケース記録の1つの方法としても活用できる。

3 事例研究の実際
——自傷行動を示す子どもへの支援——

（1）研究デザイン

本節では、前節で仮説的に提示した保育ソーシャルワークの実践モデルの有効性を検証する。研究方法は、事例研究を採用する。そして、保育ソーシャルワークを担任保育士、主任保育士、園長、筆者によるチームとして展開する。これらを通して、困難を抱える子どもとその保護者への援助の有効性を明らかにする。

この事例では、保育ソーシャルワークをチームとして展開するが、筆者は、おおむね1週間に1度保育園を訪問し、保育に参加すると同時に、その後のカンファレンスにスーパーバイザー的に参加した。

（2）事例概要

200X年7月時点で、D君は4歳3カ月である（詳細は**表8-1参照**）。3歳児健診では発達が気になることを指摘され、検査を行い、中度発達遅滞の診断を受ける。家族の状況は、母親（Cさん）、D君、妹（Eちゃん）の3人家族である。200X年初めに両親が離婚し、D君、妹ともに母親に引き取られた。

表8-1　D君のプロフィールと保育所での様子（7月時点）

名前		D.N.（男）	年齢	4歳3カ月	診断名	中度発達遅滞
	クラス運営			4歳児クラス20名（男子11名、女子9名）。保育士2名。		
子どもの病歴	生育歴	出生時体重3,210g、身長：47cm。始歩：12カ月、始語：1歳6カ月、人見知りはなかった。				
	既往歴	・大きな病気はしていない。視覚・聴覚異常なし。3歳児健診で言葉の遅れを指摘され検査を受ける。				
	現症	・健康状態は良好。自傷行動が見られる。				
家族歴など		・家族構成は、母、本児、妹の3人暮らし。今年初めに両親が離婚した。離婚に伴い、母親が就労を始め、きょうだいともに保育所に入所。母親が仕事のため忙しく、ゆっくり相手ができない。D君の遅れを気にしており、きびしく接している。近所づきあいはほとんどないという。				
保育所での様子	食事	好き嫌いが多く、嫌いなものは絶対に食べない。箸は使えないが、スプーンを使ってこぼさずに食べる。				
	排泄	尿意を感じた時は保育士に知らせてトイレに行く。後始末はしない（できない）。				
	着脱	ゆっくりであるがボタンをかける。ズボンや靴下は、保育士促すとはく。服を脱ぐのはできる。				
	午睡	一睡もしないことがほとんどである。				
	清潔	指示すれば手洗いをするが、汚れても、着替えをせずに室内に入ろうとする。歯磨きは身についている。				
	安全	すぐに高い所に登る。前後左右足下に注意しないのでよく他児とぶつかったり、こけたりする。				
	運動	ジャングルジムやうんていなどでよく遊ぶ。				
	言語	発音は不明瞭。言葉はほとんど喃語・単語。簡単な指示なら従う。				
	対人関係	・自ら他児に関わる、集団参加はせず、1人で積み木・ブロックで遊んでいることが多い。担任保育士にはクレーンなどの要求行動がある。母親との分離を嫌がり、泣き叫ぶなど不安・緊張が強い。				

出所：筆者作成。

（3）カンファレンス；親子の抱える困難の確認

　園長、主任保育士、担任保育士および筆者でカンファレンスを行った。ただし、必要に応じて他クラスの保育士にも参加を要請した。D君の自傷行動は、具体的には手の甲や腕を噛むことである。保育所入所前から自傷行動はあり、母親によれば、以前は血が出るまで噛んでいたが、現在はその部位が硬くなり血が出ないとのことであった。

　Cさんは、送迎時は常に急いでおり、保育士を避けている様子も見られる。

また、甘えようとするD君に怒鳴り、それによって泣き出すD君を無理やり連れて帰る様子が頻繁に見られた。母親への対応として、「何か困ったことはありませんか」「何かあれば言ってくださいね」というメッセージを伝えている。

(4) アセスメント

7月のD君の保育所での様子は、表8-1の通りである。実践の評価については、自傷行動の回数の推移をシングル・システム・デザインで行い、D君家族の関係性についてはエコマップで実施した。

① 行動分析

担任保育士2人と筆者が、「手の甲や腕を噛む」を標的行動とし、いつ、どの程度起こり、そしてどのような結果を伴っているのかを午前中3時間、6日間観察し、記録した(図8-1、6日目まで)。結果、以下の通りである。

・手の甲や腕を噛む行動が最も多かったのは、生活の中で場面が変わる時で、泣きながら腕を噛む行動が見られた。特に集団で場面が変化する場合には顕著で、保育士が制止しても噛み続ける場合もあった。落ち着くと噛むのをやめていた。D君に見通しの持てる言葉(「今度は〜しようね」など)をかけた場

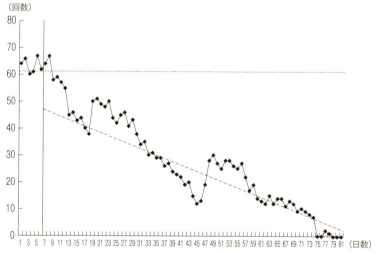

図8-1　D君の自傷行動の変化

出所：筆者作成。

合、ほとんどその行動は見られなかった。
・登所時に母親と別れる時にも手の甲や腕を噛む行動が見られた。保育士や母親が制止しても噛み続け、落ち着くと噛むのを止めた。母子分離場面での自傷行動は、観察期間中、毎日見られた（なお、登所時の自傷行動は、図 8-1 には反映されていない）。
・D君が保育士のズボンを引っ張った時に、保育士がこれに気づかない状況・応じられないという状況、保育者が離れた所にいる状況で見られた。手の甲や腕を噛み始めると、保育者が「噛むのはダメよ」などと注意していた。逆に、保育士がすぐに反応する時、一緒に遊んでいる時には観察されなかった。

② 母親と保育士との関係・D君家族と社会との関係

カンファレンス 1 回目での報告同様、送迎時は常に急いでおり、ゆっくり話す機会がない。そのため日々言葉をかけるなど、何らかの形で接触を図る必要性があることは、職員間で共通理解を得た。

また、D君家族の関係性を明らかにするために、図 8-3（上側）のようにエコマップを作成した。離婚による家族構造や居住場所の変化、働きながらの子育てなどの変化が、家族それぞれにストレスをかけていることが予想される。

（5）支援計画

行動分析から、自傷行動は、変化に対する不安の解消・抵抗の機能、そして、

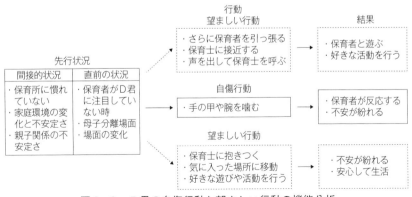

図 8-2　D君の自傷行動と望ましい行動の機能分析
出所：筆者作成。

第8章 保育ソーシャルワークの研究法 *145*

＜援助開始前（200X年7月）＞

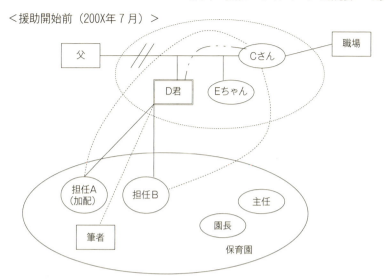

＜援助開始後（200X＋1年1月）のエコマップ＞

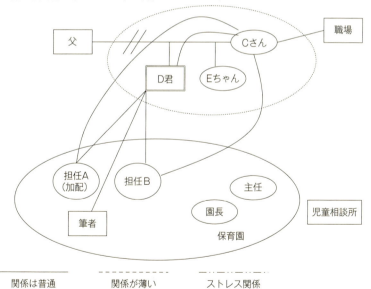

――――― 関係は普通　--------- 関係が薄い　━━━━ ストレス関係

図8-3　援助開始前と援助開始後のエコマップ

出所：筆者作成。

注意を獲得する機能をもつと考えられた。この仮説に基づき、自傷行動を改善するための援助として、先行状況への対応、行動への対応、結果への対応（図8-4）について、以下のような方針を立てた。

① 先行状況への対応
・入所後2ヶ月程度であるため、保育士との安定した人間関係の形成、そして保育所生活に慣れるために、彼の好きな遊びに付き添い、共有する経験を積み重ねる、抱っこしたり撫でたりするなどのスキンシップをとる、D君からの要求には可能な限り応じることで、彼と保育士との一対一の関係を強め、情緒の安定を図るようにする。
・場面の変化に際しては、D君が見通しを持てる言葉をかける。
・家庭においても自傷行動があるので、母親に対して見守りつつ、こまめに声をかける。連絡帳をコミュニケーション手段として導入する（3歳以上のクラスでは使用していないがカンファレンスの結果利用することになった）。

② 自傷行動への対応
・D君が保育士に注目してほしい時には、手の甲や腕を噛むのではなく、適切な方法で保育士の注目を得る。具体的には、声を出す、接近する、もう1度ズボンを引っ張る行動を増やし、形成することを目標とする（特にズボンを引っ張る行動は自発的に行っていた）。

③ 結果への対応
・自傷行動によって、保育士が注意すること自体が、D君への関わりにならないようにする。制止する時に、目を合わせない、声を出さないなど、自傷行動によって強化刺激を獲得できないようにする。
・落ち着いてから声かけをする、抱っこをする。
・自傷行動が起こる状況で、それが起きなかった場合は、スキンシップを多くする、少し大げさな程褒める対応をする。
・自発的な望ましい行動に対しては、すぐに反応する、スキンシップを多くする、少し大げさな程褒める、というように、保育者が気持ちよく関わってくれる適切な手段をD君が理解できるように配慮する。

　第2回カンファレンスでは、上記のアセスメントと援助計画の内容が確認された。そして、Cさんへの対応は担任保育士を窓口として、必要に応じて主任

表8-2 事例の問題・背景・ストレングス

問題	○自傷行動（手の甲を噛む） ●離婚後、転居、就労し、余裕がない状態。そのため子どもとの関わり方が気になる。
生活背景・変化	＊離婚、転居、知り合いが近所にいない（孤立）、就労開始
ストレングス	○自傷行動が生じる状況でも、それが生じず、望ましい行動が見られる。 ●離婚、転居、就労などの生活の変化があるが、2人の子どもを育てている。

注：○＝子どもに関すること、●＝保護者に関することを示す。
出所：筆者作成。

保育士や園長も対応を視野に入れることを確認した。さらに、表8-2のように、D君家族の背景とストレングスを再度、確認した。

(6) 実際の支援

① 援助開始期（200X年7月～8月）

1) D君への支援

支援計画に基づき、実際の援助を7月の第2週目（7日目）から行った。9日目から手の甲や腕を噛む回数が徐々に減り始め、18日目には40回にまで減少した。同時にズボンを引っ張る回数が増加し始めた。ズボンを引っ張れば、すぐに振り返り、担任保育士が「どうしたの」「～したいの」と反応した。そのため、この対応を続けることが妥当であると判断して継続することにした。

しかし、19～23日目に腕を噛む行動が増加している。これは18日目後、D君が体調不良で保育園を1週間休み、しかも休み明けの19～21日目に、現時点で最も関係が形成されている担任保育士が病気のため欠勤したため、環境の変化によって不安が高まったと考えられる。その後24日目になると、再び減少し始めた。8月末になると、母親との分離を嫌がりながらも、保育者に抱かれるうちに落ち着くようになり、母子分離場面での自傷行動も減少してきた。

2) 母親（Cさん）への支援

連絡帳には、D君の保育所での様子を記載したが、連絡帳を導入した当初はCさんからの返答はなかった。しかし、何も記入されていないが、連絡帳はD君を通して返却されていた。そこで、「何も書いていない」とマイナスの評価ではなく、「書いていないが、ちゃんと返している」と捉え、全員で共有した。

7月の中旬頃、疲れきった様子で迎えにきた際、彼を涙目で怒鳴っていた。担任が声をかけたが「何でもありません」と答え、D君を引っ張るように帰宅した。この状況を受け、主任や園長の役割として、家庭児童相談室や児童相談所との連携と、Cさんへの対応を視野に入れることを確認した。翌日の連絡帳に「昨日はだいぶお疲れのようでしたが大丈夫でしょうか」と記載した。翌日、はじめて連絡帳に返事があり、元夫の養育費の未払いやパート就労のため、離婚を機に就業したが、生活に余裕がないことが記載されていた。

D君の保育所生活について知らせながら、いつでも相談を受けるメッセージを繰り返し伝えた。そして、経済的に大変なのであれば、児童扶養手当などの申請を行ってはどうかと提案した。

② 援助中期（200X年9月〜12月）

1）D君への支援

9月になると担任保育士を基点に行動し、D君の好きな積み木遊びでも保育士と一緒に積み木を積み上げる、並べる、保育士に積み木を渡すなどのやりとりが多くなった。ズボンを引っ張るだけでなく、保育士への接近行動や発声が増加してきた。それに対して、ズボンを引っ張った時と同様に、「D君、先生を呼んでくれたんだね」「どうしたの」などすぐに反応するようにした。それに伴って、注意の獲得が要因と考えられる自傷行動は見られなくなった。

また、場面の変化では、D君が見通しを持てる言葉をかけることで自傷行動は減少した。しかし、運動会やそれに先立つ練習などがあり、9月半ばには一時期、自傷行動が増加した。これはそれまでの生活の流れが変化したことなどが考えられた。

そのため、カンファレンスにおいて、これまでの対応に加えて、無理な集団参加をさせないこと、担任保育士や筆者だけでは対応が困難であったため、運動会の練習時には園長や主任保育士もD君に対応するとともに、対応の仕方について確認を行った。10月下旬になると、母子分離場面でも保育者に向かって抱っこを要求し、D君が手の甲や腕を噛むことがなくなった。保育者との対人関係が形成されてきたことや保育所生活に慣れてきたと考えられる。

2）Cさんへの支援

Cさんへの対応は担任保育士が行い、カンファレンスではどのような状況か

が逐次報告された。連絡帳のやりとりが続く中、10月に入ると、生活の大変さの話が主であったが、保育士と話すようになった。9月に児童扶養手当の申請を行ったようで、「今までより生活は楽になった」などが伝えられた。Cさんに若干、余裕がみられるようになった。D君に対しても7月に比べると、若干ではあるが怒鳴ることなどが減った。

10月上旬の個別面談時に、「なぜ自分の子ばかり遅れているのか」「べたべた甘える」「自分が情けない」と子育ての大変さを訴えた。担任保育士は落ち着くのを待ち、「子育ても、仕事もがんばっているのですね。私達もできる限りのことはしますので、一緒にやっていきましょう」と伝えた。

これ以後、徐々に連絡帳でも子育てに関する話題も出てきた。甘えて困ることに関しては、「それだけ甘えるということは、D君はお母さんが大好きなんですね。甘えてきたら抱っこしたり、頬ずりしてあげて下さい」と伝えた。また、自傷行動については、「私が嫌いだからと思っていた」と言っていたので、彼なりの「甘えたい」「かまってほしい」という自己主張の方法であることを伝え、そのうえで自傷行動をそのままにはできないので、保育所での対応方法について伝えた。

③ 援助後期（200X＋1年1月～3月）

1）D君への支援

半年の保育所の生活にも慣れ、担任保育士との信頼関係も形成されてきた。1月に入ると、自傷行動は見られなくなり、言葉の遅れに対する援助や他児との関わりへの援助を念頭に置きながら保育を継続した。その際、発達支援の必要性もあることから、他機関との連携を念頭に置きながら行った。

2）Cさんへの支援

送迎時は相変わらず忙しい様子であったが、担任保育士とのやりとりは7月に比べるとかなり増えた。自傷行動への対応はなかなかうまくいかないようであったので、いつでもよいので一度時間をとって面談時に対応について話し合う、保育参観で保育園での様子を見てもらうなどの提案を行い、承諾を得た。

（7）評価と考察

本事例をエコロジカル視点に基づく援助として図示すると、図8-4のよう

```
┌─────────────────────────────────────────────────────────────┐
│ ① その個人にとって必要な滋養的・応答的環境を形成する          │
└─────────────────────────────────────────────────────────────┘
  ○ 担任とD君との信頼関係形成、保育所に慣れるために、① 好きな遊びに担任が付き添い、共
    有する経験、② スキンシップをとるなど一対一の関係を強め、情緒の安定を図る。
  ● 連絡帳によるやりとり。連絡帳にはD君の保育所の様子を記載。当初は母親からの返答はなし。
  ● 子どもとの接し方から、家庭児童相談室や児童相談所との連携を視野に入れる。

┌─────────────────────────────────────────────────────────────┐
│ ② 環境の変化が個人に与える影響を利用しながら個人の対処能力を高める │
└─────────────────────────────────────────────────────────────┘
  ○ 行動分析を行い、自傷行動が、注意引きや不安解消として機能しないように対応。
  ○ 自傷行動以外の望ましい行動を強化する。
  ● 連絡帳のやりとりを通して母親の苦労に共感的に対応。
  ● 家計が苦しいことが判明したので、児童扶養手当の申請を勧める。

┌─────────────────────────────────────────────────────────────┐
│ ③ その個人がより自律的、主体的に環境に働きかけるように支持・援助する │
└─────────────────────────────────────────────────────────────┘
  ○ 自傷行動以外の望ましい行動を強化する。
  ● 児童扶養手当を申請し家計はこれまでより楽になる。子育てに関する大変さを自らを訴えてきたので対応。
  ● 自傷行動については、それがなぜ起こるのか、保育園での対応の仕方について伝える。

┌─────────────────────────────────────────────────────────────┐
│ ④ 働きかけの対象となる環境の側の応答性を再び問題とする          │
└─────────────────────────────────────────────────────────────┘
  ○ 約3カ月で自傷行動は消失。
  ○ 言葉の遅れや他児との関わりへの援助についても検討を始める。
  ○ 言葉の遅れについては他機関との連携を引き続き念頭に置く。
  ● 自傷行動に対する対応がうまくいかないため、面談や保育参観を提案し、承諾を得た。
```

注:○=保育実践における視点、●=保護者支援・子育て支援における視点を示す。
出所:谷口泰史(2003)を基に作成。

図8-4 事例におけるエコロジカルな視点に基づく援助

になる。これらの4つの局面においてカンファレンスを実施し、常に担任保育士、主任保育士、園長、筆者、さらに必要に応じて他クラスの保育士と支援内容を確認し、ストレングスに着目し、役割分担を明確にした。この事例では、担任保育士が中心となってD君とCさんの対応を担い、状況に応じて主任保育士と園長が対応する体制をとった。さらに場合によっては他機関との連携を考え、それは園長が中心となり対応することが確認されていた。

D君は、不安や緊張が生じた時に手の甲や腕に噛みつき、それらを紛らわすこと、保育士のズボンを引っ張っても反応が得られない時に手の甲や腕を噛むことで保育士の注目が得られたことで、自傷行動が学習されたと考えられた。

支援に際しては、まずD君の不安・緊張を解消するために保育士との安定した対人関係の形成、彼のペースに合わせて保育所生活を送れるような支援を行った。そして、自傷行動に対する消去の手続きと、望ましい行動に対する強

化の手続きを行った。効果測定は、ABデザインで必ずしも厳密とはいえない。しかし、自傷行動に関しては、支援開始後減少し、最終的には消失した。それは、望ましい行動が増加したためと考えられる。以上から、行動変容アプローチによる支援が妥当であったと考えられる。

同時に、CさんとD君の安定した親子関係の形成を主眼におき、彼女へも働きかけた。自傷行動が保育所入所前から起こっていた点、送迎時の親子の様子、家庭の状況などから、D君のみへの支援は不十分と考えたためである。実際、Cさんは生活の変化によるストレスを感じており、親子関係にも影響を与えていた。生活のストレスがD君と向き合うことを難しくし、連絡帳を用いてD君の様子を伝えるだけでは不十分であった。一方で、家庭児童相談室や児童相談所との連携も視野に入れつつ、保育園での親子のやりとりをきっかけにして、Cさんを気にかけているメッセージを伝えることによって、保育士とのコミュニケーションが始まったといえる。これをきっかけに保育士と保護者との関係が好転し、そこからCさんとD君との関係にも変化が生じたと思われる。以上から、エコロジカルな視点による支援の有効性も確認できた（図8-3下側）。

おわりに

事例研究の意義として、特殊な事例の症状や減少、あるいは変化過程の特徴、それらへの対応の仕方について知ることができ、後の臨床活動に役立たせることができることが挙げられる。また、新しい援助法の発見やそれまで通説とされていた理論やパラダイムの見直しにもつながる可能性がある。

さらに、現場においては、現在進行中の事例では、スーパービジョンとしての役割もあり、新たな視点を得、事例への理解を深め、今後の指針の参考にし、技量を向上させることができる。また、初学の援助者の教育・訓練にも大きく役立つ。

今後、保育ソーシャルワーク研究において事例研究を推進することは、保育ソーシャルワーク学の展開に重要であると考える。

引用・参考文献

伊藤良高・若宮邦彦・桐原誠・宮﨑由紀子（2008）「保育ソーシャルワークのパラダイム」『乳幼児教育学研究』第17号。

平山尚（2002）「評価と実践の統合――シングル・システム・デザイン――」平山尚・武田丈・藤井美和『ソーシャルワーク実践の評価方法』中央法規。

谷口泰史（2003）『エコロジカル・ソーシャルワークの理論と実践』ミネルヴァ書房。

土田美世子（2006）「エコロジカル・パースペクティブによる保育実践」『ソーシャルワーク研究』第31巻第 4 号。

鶴宏史（2009）『保育ソーシャルワーク論』あいり出版。

戸塚法子（2002）「マッピング」黒木保博・山辺朗子・倉石哲也編『ソーシャルワーク』中央法規。

日本保育ソーシャルワーク学会 HP（https://jarccre.jimdo.com/ 　2018年 3 月 1 日最終確認）。

三原博光（2006）『行動変容アプローチによる問題解決実践事例』学苑社。

山本力（2001）「研究法としての事例研究」山本力・鶴田和美編『心理臨床家のための「事例研究」の進め方』北大路書房。

Yin, R. K. （1994） *Case Study Research.* Second Edition., Washington. DC SAGE.（近藤公彦訳（1996）『ケーススタディの方法』千倉書房）。

第9章
カナダ・ブリティッシュコロンビア州における保育者の保護者支援
──日本との比較を通して──

はじめに

　保育という営みは全世界共通であり、その内容は時代や場所が変わっても、根源的に変わりはないはずである。しかし文化や社会により、保育の在り方は異なり、子どもや保護者に最も近い専門職である保育士に求められることも大きく異なる。他国の実状や実践を知ることは、固定的な見方や枠組みを外した捉え直しが可能となり、日本において"当たり前"と考えられている現状が、必ずしもそうではないことを認識させてくれる意味で有意義である。

　カナダの子育て支援は、1990年代後半より日本に紹介されてきた。その特徴として、福川須美は日本の子育て支援が母親に文字通り「子育て」に対する支援を行うことにとどまっているのに対し、カナダでは子育て家庭のあらゆるニーズに対応した支援を意味し、「福祉」も「保健」も「保育」も「住宅問題」や「職業訓練」まで、あらゆる局面に及ぶ包括的な支援が、社会資源や地域ネットワークを駆使して行われる様を「包括的な連携プレイ」「みごとなソーシャルワーク」（福川、2004、11）と表現している。また伊志嶺美津子も、日本の支援が「対症療法的な問題対応型支援」であるのに対し、カナダの家庭支援が「予防型の支援」（伊志嶺、2001、183）であるとし、すべての家族を対象とし、「とくに今問題がなくとも家族が支えられ、支えあうことによって健全さが保たれ、問題の発生を予防することができる」（伊志嶺、2009、99）という考えに基づいている点を高く評価したうえで、特にファミリー・リソース・センター（子育て支援センター）やノーバディーズ・パーフェクト・プログラム（親教育）の実践を繰り返し取り上げている。

このようにカナダの子育て支援に関しては、保護者教育や家庭で子育てを行う保護者を支援するシステムが大きくクローズアップされている一方で、カナダにおける25歳から54歳の女性の就業率が6歳以下の子どもを持つ母親で69.5％、6歳から11歳の子どもを持つ母親で78.1％と、何らかの保育サービスを利用しながら子育てを行っているケースが多いにもかかわらず、保育所や保育士に焦点をあてたテーマや、アンケート調査を行った研究はあまり行われてこなかった。

国立情報学研究所の学術情報ナビゲーター CiNii で「カナダ 子育て支援」をキーワード検索したところ、2017年11月時点で34件が該当した。地域子育て支援に関するものが19件と半分以上であったほか、政策や施策、行政に関するものが4件、子育て支援システムに関するものが3件、親教育、子育て支援者養成に関するものが各2件、保健や医療、心理などの視点による子育て支援、特定の対象者（若い父親）に対する支援が各1件であり、保育士が行う保護者支援について取り上げられたものは見られなかった。

その原因について推測されることとして、永瀬伸子はカナダが「施設保育が最も高価、出張保育が次いで高価、個人託児が最も安価」ゆえに、諸外国にくらべて「非公式な家庭託児に偏った国」であり、「カナダでは規制対象外のケアがほとんどであることから、ケアの実態も明らかではない」（永瀬、2002、48）としている。伊志嶺も、カナダの保育を「日本のように一貫したシステムはなく、保育施設も非営利団体による私的運営がほとんどであり、公的に認可された施設数は慢性的に不足し、一般家庭にとって認可された良質の施設保育を手に入れるのは経済的にも困難な状況である」（伊志嶺、2009、68）と評している。つまり日本にとってカナダは保育システムの面で学ぶことが乏しいため、保育や保育士にも焦点があてられにくかったと推察される。しかし前述の通り、カナダの子育て支援が包括的、予防的に行われているなら、子育て支援の1つである保育もそのような観点から保護者を支えていることが予想され、保護者支援の一翼を担う保育所や保育士に焦点をあてることは大きな意味がある。

本章は、筆者が2015年8月に3週間にわたってカナダ・ブリティッシュコロンビア州（以下、BC州）バンクーバーを中心に8カ所の保育所における視察とインタビュー、その際に依頼した質問紙、及び後日保育士の職能団体（詳細は

後述する）の協力を得て行った web 調査により回答を得た78人の保育士、そして保育所の協力を得て回答を得た50人の保護者へのアンケート調査の内容に基づいている。バンクーバーは"モザイク"と表現されるように、多民族・多文化共生社会というカナダの特質をとりわけ色濃くもった市である。移民が多く、多様な子育て事情への配慮が推察されることから調査先として選択したが、カナダは医療や教育、税などをはじめ、あらゆるシステムが州によって大きく異なり、「国」の枠組みよりも、「州」としての独自性を持つ。そのため本論における前提として「カナダ」と表現する際は、カナダ BC 州を意味すること、さらに調査規模や範囲にも限界があり、本論で述べていることは BC 州全体として一律的にあてはまるわけではなく、筆者が把握した範囲での保育現場の現状について述べたものであることをご理解いただきたい。

1 保育をとりまくカナダ・ブリティッシュコロンビア州と日本の比較

（1）保育施設

BC 州における未就学期の保育システムは、表9-1の通りである。

日本の保育所に相当する Group Child Care は生後間もなくから36カ月（3才）の乳児クラスと30カ月から就学期までの幼児クラスで構成される。乳児クラスは最大人数が12人、幼児クラスで最大人数は25人である。日本でいう幼稚園に相当する Preschool は30カ月から就学までとなっており、最大人数は20人である。他に0歳から12歳までの最大8人を1人の保育士で受け入れる家庭的保育事業（In Home Multi-Age Child Care）、さらに Family Child Care として、ライセンスの有る場合と無い場合いずれも0歳から12歳までの子どもを、前者は7人まで、後者は自分の子を除いて2人まで保育することが可能である。その場合、保育士資格は必須ではなく、19歳以上の大人で20時間のトレーニング（ファーストエイド）を受講した者が保育者となれる。

一方、日本では保育所、幼稚園、認定こども園から成る施設型給付に加え、小規模保育をはじめとする4つの事業から構成される地域型保育給付を認可型保育施設とし、その他は認可外保育施設となる（図9-1参照）。

表9-1 カナダ・ブリティッシュコロンビア州における保育システム

	対象年齢	最大人数	配置基準	スタッフ	備考
Group Child Care (保育所)	生後～36カ月（乳児）	12人	1：4	保育士1人＋乳児資格保持者1人＋アシスタント	※日本の場合 0歳児　　1：3 1・2歳児　1：6
	30カ月～就学（幼児）	25人	1：8	保育士1人＋アシスタント2名	※日本の場合 3歳児　　1：20 4・5歳児　1：30
Preschool (幼稚園)	30カ月～就学（幼児）	20人	1：10	保育士1人につき幼児10人	※日本の場合 1クラス　1：35
In Home Multi-Age Child Care (家庭的保育事業)	0-12歳	8人	1：8	保育士1人	8人のうち、3歳未満の子ども3人以内、1歳未満の子ども1人以内
Family Child Care (ライセンス有り)	0-12歳	7人	1：7	大人（19歳以上で20時間のトレーニング（ファーストエイド）を受講した者）	7人のうち、2歳未満の子ども3人以内、1歳未満の子ども1人以内
Family Child Care (ライセンス無し)	0-12歳	自分の子を除き2人まで	1：3～4	大人（19歳以上で20時間のトレーニング（ファーストエイド）を受講した者）	※中にはCCRR（保育施設紹介機関）が独自認定している場合もあり

出所：ブリティッシュコロンビア州ホームページをもとに筆者作成。

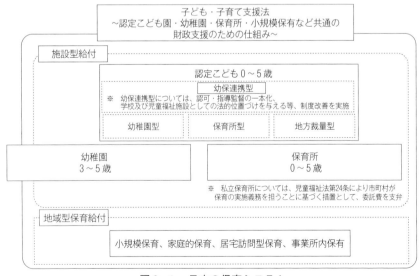

図9-1　日本の保育システム

出所：新宿区ホームページ「子ども・子育て支援新制度について」より。

第9章　カナダ・ブリティッシュコロンビア州における保育者の保護者支援　*157*

　保育所と認定こども園は0歳から5歳、地域型保育給付は0歳から2歳、幼稚園は3歳から5歳、認可外保育施設は0歳から5歳を対象年齢としている。

　カナダと日本の保育施設の比較において、一番明確な違いは、保育施設の規模と保育者の配置基準である。カナダの場合、大規模園は基本的に存在せず、保育士1人あたりが担当する子どもの人数も少ない。つまり、必然的に子どものみならず保護者とも顔の見える関係性を築きやすい。

（2）保育者の資格

　カナダ・BC州及び日本の保育者に関わる資格は図9-2、図9-3の通りである。

　日本とカナダの保育者に関する相違点として、まず日本では保育と幼児教育で求められる資格が異なるが、カナダでは Early Childhood Educator（以下、ECE）の資格保持者が保育と教育を共に担っている。次に日本は保育士資格があれば0歳から5歳の子どもの保育が可能であるのに対し、カナダでは乳児クラスを担当するために、基礎資格である ECE に加え、Infant Toddler Educator の資格が必要である。また Special Needs Educator という特別支援ケアに関する資格もあり、階段状に専門性を高める仕組みとなっている。また ECE の資格は更新制であり、更新にあたって様々な研修を受けることが求められている。このように、厳密には ECE を保育士そのものと捉えることは難しいものの、本章では便宜上 ECE をカナダの「保育士」と表現し、論を進めていく。

	乳児保育 (Infant Toddler)	特別支援 (Special Needs)
アシスタント	基礎資格 (Early Childhood Educator)	

※更新制

図9-2　カナダ・BC州の保育・教育に関する資格体系

出所：筆者作成。

保育士	幼稚園教諭

図9-3　日本の保育・教育に関する資格体系

出所：筆者作成。

（3）保育士養成

　BC 州の ECE 資格を取得するためには、他国や他州からの免許書き換えのほか、州の認定機関にて ECE の資格を取るための２年制の Diploma 若しくは Infant Toddler Educator や Special Needs Educator の資格を取得するための１年制の Certificate を取得する必要がある。その後、児童家庭福祉省（Ministry of Children & Family Development、以下 MCFD）にて登録申請を行う。BC 州における養成機関の内訳は、公立の大学６校と短期大学12校と専門学校１校、私立の短期大学７校や専門学校２校、その他に通信教育の大学２校、短期大学７校、成人教育機関２校があり、大学は８校、短期大学は26校、専門学校が３校、成人教育が２校である。

　保護者支援に関する科目は Parent, Teacher, and Community Relations や Family, School and Community、Working with Families など、養成機関ごとに科目名は様々であるが、おおむね保護者や家庭、地域について学ぶ科目があった。

　保育士養成が短大を中心に行われていることやカリキュラム全体における保護者支援に関する科目の比重など、日本の養成教育のシステムとは大きな相違点は見られなかった。

2 ｜｜ カナダの保育所が行う保護者支援

　保育や子育て支援が NPO などの民間主体で行われているカナダは、社会的ニーズに対する支援の必要性が認識されるところが出発点となり、そこからサービスが創り出されるというメカニズムに基づいているため、特定の対象者のための保育所が存在する。以下では、日本で社会的課題となっている「貧困」、また支援が未だ行われていない「若年の親」について取り上げる。

　2016年の「国民生活基礎調査」によると、日本における子どもの貧困率は13.9％で、おおよそ７人に１人の子どもが貧困状態に陥っている。虐待をはじめとする子どもや保護者が抱える問題は、その背景の多くに貧困があることに保育所は気付いていながらも、それに対する有効な手立てを講じられずにいることが多い。

また、日本では高校在学中に妊娠した場合、退学を余儀なくされる現状があり、その是非について新聞記事で取り上げられたこともある。高校生が親となり、子育てをすることは一般的でない以上、現時点では彼らに対する公的な子育て支援も存在しない。

(1) 貧困

バンクーバー市内で最も貧しい地域であるダウンタウン・イーストサイドはホームレスが多く、ドラッグやアルコールなどの問題を抱えている人も多い。その一角に位置する YWCA Crabtree Corner は、そのような環境の中で子育てを行う母親及び子どもの支援を行っている。一時的な住宅提供 (Housing) や朝食を提供するプログラム、シングルマザーのサポートグループ、ノーバディーズパーフェクト（親教育）などをはじめ、13のプログラムが提供され、その1つに保育を無料で行うデイケアもある。どのプログラムに参加しても、全てのスタッフが母子の抱える生活問題に気付き、問題が改善や解決に向かうためのプログラムへつなぐ力量を持っている。建物内に BC 州の公的機関である保健所が入っており、小児科医や保健師（コミュニティナース）等と日常的に情報交換や連携ができ、同じ建物の中で他機関連携が容易に実現することも強みとなっている。

(2) 若年の親 (Young Parents)

Burnaby Family Life という NPO が運営している Burnaby South Child Care Centre は高校内に併設された保育所（デイケア）である。子育てをしながら高校に通う生徒 (young parents) のための施設であり、保護者である彼らは無料で利用できる。保護者自身に被虐待経験があったり、経済的に厳しいなどの背景を持つことが多く、保育所を利用している高校生のうち80〜90％はケースとして複数の関係者で情報共有を行っている。関係者は、州（児童家庭福祉省）の虐待対応のソーシャルワーカー管轄のもと、高校の教員のほか、教室にも入り保護者の高校生活を直接的にサポートするユースワーカー (youth woker)、ファミリーカウンセラー (family preservation program) 等がケースに関わる。保育士は子どもの日常生活の些細な変化も見逃さないよう観察し、詳細なドキュメン

トを残している一方で、保護者に対して育児のモデルを示したり、発達段階に応じた成長について保護者に教えるなど、親教育も行う。高校内に複数の職種が働いているため、連携しやすく、必要に応じてケース会議をひらくなど、親子の生活をチームでサポートしている。

3 | カナダの保育士が行う保護者支援

以下では、筆者がカナダで行ったアンケート調査の結果を中心に、カナダの保育士が行う保護者支援について述べる[1]。日本との比較を行う際は、以前に行ったアンケート調査の中で保育士若しくは保護者に対して同様の質問を行った際の結果（丸目2015a）（丸目2015b）を適宜用いている[2]。

（1）保育士と保護者のコミュニケーション

保護者支援の前提となる、保育士と保護者間のコミュニケーションについて、カナダの保育士は「あまりとれていない」とする1人を除き、ほぼ全員が「十分とれている」「とれている」と回答した。カナダの保護者も「あまりとれていない」と約10％が回答したほか、約86％はコミュニケーションが「十分とれている」「とれている」と回答した。

一方、日本の保育士は「あまりとれていない」が約22％、「全くとれていない」4％と、約4分の1がコミュニケーションがとれていないと回答した。日本の保護者も「あまりとれていない」が約30％、「全くとれていない」が約2％と回答し、約3分の1の保護者は保育士とのコミュニケーションがとれていないと感じていた。

一概に比較することは難しいものの、日本よりもカナダの方が保育士と保護者間のコミュニケーションは良好であることがうかがえる。

（2）保育士と保護者がコミュニケーションをとる際の発言量

コミュニケーションをとる際、いわゆる保育士と保護者の会話における発言量について、発言量が多いのは保育士が約53％、保護者が約42％というカナダに対し、日本は保育士が約72％、保護者が26％であった。発言量が一方に偏り

第9章 カナダ・ブリティッシュコロンビア州における保育者の保護者支援　161

過ぎないことが本来コミュニケーションのもつ双方向性のイメージに近いことを考えると、このこともまた一概に言えないが、カナダの保育士は保護者の話すことに耳を傾けている度合が高いと言える。

(3) 保護者がもつ悩みへの気付き

保育士と保護者が顔を合わせて行う日常的なコミュニケーションの中で、保護者が何らかの悩みを抱えていることに気付くと答えた割合は、カナダの保育士は約96％と高かった。質問項目は全く同一ではないものの、日本では乳児クラスにおいて保護者と保育士との間で連絡帳のやりとりが毎日行われている。その連絡帳を通じて保護者の悩みや困りごとに気付くと答えた保育士は約82％と、こちらも高い割合であった。

(4) 保護者の悩みの内容

保護者の悩みについては、カナダは子どもに関する悩みよりもむしろ、家庭問題に関する悩みの方が頻繁にあることが明らかになった。（図9-4参照）

前項と同じく連絡帳に関する調査の中で、日本の保育士は保護者の困りごとに気付いた際、その内容を「子どもに関すること」が約79％、「保護者自身に関すること」が約16％、「家庭内の問題に関すること」が約2％、「その他」を3％と捉えていた。日本の保育所は文字通り子育てや保育に関する支援に焦点化していることが多いため、保護者から自分自身や家庭に関することを相談す

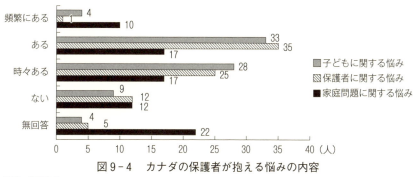

図9-4　カナダの保護者が抱える悩みの内容

出所：筆者作成。

ることは少ないが、それでも保育士は子ども以外の悩みや困りごとの存在に気付いているといえる。

（5）保護者支援に関するカナダの保育士の思い――自由記述より――

　以下は、アンケート調査のなかで保護者支援に関する自由記述の一部である。「保育所はどの行政機関よりも長い時間開いている。もし保育所が保護者の望む時間、サポートを提供できなければ、一体どこがサポートできるのだろうかと思う」「保育者として、保護者のために時間をとって情報をみつける」「ECE は彼ら（保護者）の援助をしようとしている」「私たちは時間をいつでも見つけることができる。忙しいスケジュールの中でも」という声のように、子どもや保護者にとって最も身近に位置する保育士の立場を生かした支援を行っている声や、「保護者は専門サービスから援助を受けるのが良い。ストレスを感じた保護者（ひとり親など）がサポートを必要とするとき、ECE として私には専門知識や時間がないだろう」「間違ったアドバイスを与えることは、その施設への不安を生み出すかもしれないので、情報や援助は、個人的なものではなく、複数のアドバイスを与える専門家から行われるべきで、自身で選択して決定できるようにしなければならない」などのように、保育士がもつ知識や時間には限界があり、専門職に任せるべきであるという、大きく2つの考え方が見られた。もっとも、両者は対立するものではなく、保育士として支援を行う領域と他専門職が関わるべき領域の線引きができているとも推測できる。

　また「この国の基本的権利としてファミリーサポートがあるべきだが、非常に多くが排除されている。子どもの成長と発達について問題があった場合、医者への予約だけでなく、保健師と相談できるようなシンプルなものまで排除されている。柔軟な労働時間や質の高いケアなど非常に多くのものが私たちには必要だ」というように、より一層の社会資源の拡充を願う声や、「ある機関が保護者を（支援）システムに導く必要があるだろう」と、社会資源が豊富にあっても支援にうまくつながれない保護者の存在を予想させるものも見られた。

4 ｜ カナダの保育所と外部専門機関の日常的な連携

　その他、保育所が外部機関に対してオープンである要因の1つとして考えられるのが、発達障害の1つである自閉症に対する療育システムの存在である。
　集団生活をおくる中で、保育士は子どもの発達課題に気付きやすい位置にいる。カナダでは、保育士から保護者に対して未就学のうちに確定診断を受け、療育を受けるメリットを丁寧に説明し、保健師などに連絡して専門機関につなげているケースが多かった。
　実際、自閉症の診断を受けた場合、Autism Funding により6歳から18歳までの就学期の子どもは6000ドル、0歳から6歳までの未就学期の子どもは2万2000ドルを上限として療育サービスを受けることができる。就学期と比較すると約3.7倍の予算の中で手厚いケアが受けられることは保護者側にもメリットがあり、保育所からも提案しやすい。また多様な専門職、例えば言語聴覚士や作業療法士、理学療法士、行動療法士などから療育を受けることになるが、視察中にも保育所に通う子どもが別室で外部専門職から訓練を受けている様子を目のあたりにし、日常的に保育所が他機関と接点を持つことは珍しいことではない様子がうかがえた。

5 ｜ カナダの保育所・保育士が行う保護者支援の特色

　調査範囲や規模の限界があり、一般化することは難しいものの、カナダと日本の保育所や保育士による保護者支援を比較するなかで気付いた2点を、まとめとして述べる。

(1)「子育て」に限定されない、生活全体を捉えた保護者支援
　冒頭でも述べたように、カナダにおける保護者支援の特色とされてきた子どもを育てる保護者の生活全般を含めた支援は、保育の場でも顕著に見られた。9割を超える保育士が、保護者支援に対する意識を高く持ち、日常的に良好なコミュニケーションを保っていた。日常的な関わりのなかで保育士が保護者の

悩みを発見することも多く、その悩みの内容は子どもに関することはもちろん、むしろ家庭問題に関する悩みや親自身の悩みの方が多くみられる現状もあった。保育士は保護者の話に耳を傾け、保護者を心理的に支えたり、必要に応じて保護者に対して教育的な関わりやアドバイスを行う一方で、子どもや保護者が抱える問題によって保育所外の専門機関につないでいた。移民が多く、英語を母国語としない保護者も珍しくない中で、保育士は保護者に対して子育てに関する共通イメージが持てるようはたらきかけ、子育て以外の問題に対しても情報収集が難しい場合は社会と保護者をつなぐという貴重な役割を担っていた。

（2）保護者を積極的に外部機関に「つなぐ」、カナダの保育士

前述した特定の対象者のための保育所では、ケース会議を行うなど、関係者が情報共有を行い、同じ支援の方向に向かって一致して取り組む「ネットワーク型」支援を行う場合も見られたが、むしろ多くの保育所は当事者が必要とするサービスにつなぐ、いわば「バトンタッチ型」ともいうべき方法をとるケースが多かった。自分の専門性のなかでできることは行い、できないことに踏み込まないという良い意味での割り切りがあり、一部の日本の現場で見られるような"抱え込み"に陥ることはほとんどないように見えた。ただ、それが成立するのは「バトンタッチできる先が揃っている」ことであり、子育て支援領域の社会資源が極端に少ない日本では"抱え込まざるをえない"実情がある。

また前述したようにカナダの保育施設の規模は、概して日本よりも小さい。加えて、保育士1人あたりが担当する子どもの数について、乳児クラスでは両国はそれほど変わらないが、幼児クラスではカナダが保育所で1対8人、幼稚園で1対10人、に対し、日本は保育所で1対30人、幼稚園は1対35人と、最大で3倍以上の差がある。環境的な要因も保護者支援にとって大きいことを改めて実感する。

おわりに

カナダでは、文化的背景が個々に大きく異なる家庭を支えながら保育や保護者支援が行われており、保育や子育てに特化して関わる日本よりもカナダの保

育士や保育所は保護者支援をより広く捉えていることが明らかとなった。

近年の日本は家庭が複雑化・多様化し、家庭に介入しないと子どもの育ちや保育所での保育が成り立たない現状が起こりつつある。その意味で、カナダの取り組みは日本の保育現場に大きな示唆を与えてくれるものであると確信する。日本の保育士も、これまで以上に子育て家庭の多様なニーズにいち早く気付き、保護者や家庭に関する情報収集を行うなどの初期対応を行うことや、ケースを抱えこまず、外部に積極的に「つなぐ」支援へと方向転換する時期にきているのかもしれない。

一方、地域や社会で家庭を支援する仕組みが充実しているカナダと比較すると、あまりに日本の子育て支援領域における社会資源は乏しい。創出、開発していくソーシャルアクションも同時に必要である。

注
1) カナダのデイケアに子どもを通わせる保護者を対象とした調査については、8ヵ所のデイケアに出向いて依頼を行い、保護者50人から得られたアンケート調査の結果に基づいている。保育士に関しては、同じく8ヵ所のデイケアに出向いて依頼を行い、保育士34人から得られたアンケート調査の結果に加え、BC州の保育士職能団体である Early Childhood Educators of British Columbia（ECEBC）の会員メーリングリストにて調査協力を依頼し、協力が得られた保育士44人の計78人の調査結果に基づいている。調査は2015年8月10日から9月16日にかけて実施した。
2) 日本の保育所に子どもを通わせる保護者を対象とした調査については、大阪府内の民間保育園Aの保護者143人から得られたアンケート調査の結果に基づいている。保育士に関しては、近畿エリアにある保育所5園の保育士60人から得られたアンケート調査の結果に基づいている。調査は前者が2013年2月5日から19日、後者が2014年8月27日から9月14日にかけて実施した。

引用・参考文献
伊志嶺美津子（2001）「カナダの子育て家庭支援から学ぶ 21世紀の子育てのあり方：21世紀の子育て支援に求められるもの——現在の取り組みと展望——」『現代のエスプリ』第408巻。
伊志嶺美津子（2009）「各国の福祉事情 カナダにおける家族支援」『月刊福祉』第92巻第5号。
伊志嶺美津子（2009）「カナダの子育てと子どもの最善の利益（世界の保育と子どもの最善の利益）——世界の保育現場でいま起きていること——」『子どもの文化』第41巻第8号。

厚生労働省（2017）「平成28年　国民生活基礎調査の概況」
永瀬伸子（2002）「子育て支援策の日加比較（特集：日本とカナダの社会保障——加日社会保障政策研究円卓会議の成果——）」『海外社会保障研究』第139巻。
福川須美（2004）「世界の子育て事情（2）：カナダ」『幼児の教育』第103巻第6号。
毎日新聞（2017）「妊娠中退　子供のためにも卒業支援を——NPO 世話人ら発信——」2017年7月14日。
丸目満弓（2015a）「保護者支援の前提となる保育士と保護者間コミュニケーションに関する現状と課題——保護者アンケートを中心として——」『大阪総合保育大学紀要』第9号。
丸目満弓（2015b）「保育ソーシャルワークのツールとしての連絡帳活用の可能性について」『保育ソーシャルワーク学研究』第1号。
丸目満弓（2017）「カナダ・ブリティッシュコロンビア州における未就学期の子育て支援について」『社会福祉士』第24巻。
Statistics Canada, Women and Paid Work（More employed mothers），（http://www.statcan.gc.ca/pub/89-503-x/2015001/article/14694-eng.htm，2017年11月30日最終確認）。
The British Columbia government, Autism Funding,（https://www2.gov.bc.ca/gov/content/health/managing-your-health/healthy-women- children/child-behaviour-development/special-needs/autism-spectrum-disorder/autism-funding，2017年11月30日最終確認）。
The British Columbia government, Become an Early Childhood Educator（ECE），（https://www2. gov. bc. ca/gov/content/education-training/early-learning/teach/training-and-professional-development/become-an-early-childhood-educator，2017年11月30日最終確認）。
The British Columbia government, Licensed & Unlicensed Child Care in BC,（https://www2. gov. bc. ca/gov/content/family-social-supports/caring-for-young-children/child-care/licensed-unlicensed-child-care，2017年11月30日最終確認）。
The British Columbia government, Recognized Early Childhood Education Training Institutions,（https://www2.gov.bc.ca/gov/content/education-training/early-learning/teach/training-and-professional-development/become-an-early-childhood-educator/recognized-ece-institutions，2017年11月30日最終確認）。

第10章
保育ソーシャルワークの論点

はじめに

　家族や地域社会における養育力の低下が指摘されるようになって久しい。保育所では、従来の子どもを対象とした支援から、保護者や地域の子育て家庭に対する支援をふくむ新たな役割を担うこととなった。あわせて、ソーシャルワークの必要性について議論され始め、「保育ソーシャルワーク」にかかわる研究が発表されるようになった。しかしながら、現状では「保育ソーシャルワークとは何か」という問いに対する明確な答えは存在しておらず、模索が続いている状況である。他にも、保育ソーシャルワークの対象、担い手、機能など、追究すべきテーマは山積している。保育ソーシャルワークに関連する研究数は増加しつつあるが、概観する限り、文献研究を主とした研究に比べ、保育者の意識や実態に関する調査、実践に関する事例研究は相対的に少ないと言える。理論構築と共に、科学的実践として保育ソーシャルワークを位置付けるべく、エビデンスの積み上げを図ることが重要な課題であろう。

　本章では、保育ソーシャルワーク研究をめぐる先行研究を概観し、論点を整理する。そして、今後、保育ソーシャルワークを追究していくために必要な研究について、保育所保育士を対象とした調査をふまえ、その課題と展望について検討することを目的とする。

1 保育ソーシャルワークの潮流と論点

(1) 保育ソーシャルワーク研究初期の論点
　保育実践においてソーシャルワークが必要とされた背景は、近年の「家族や

地域の変化」と「養育力低下」のキーワードでおおむね説明される。保育所は地域の子育て拠点として、これまで発揮してきた専門性を軸に、ソーシャルワークの視点をもった支援を期待されていると考えられる。しかし、保育所における保育実践においては、これまでの保育知識や技術だけでは対応できない子どもの行動問題および保護者や家庭の抱える課題が存在する。保育所では障害の疑いがある子どもや養育環境に問題があると認められる子ども等、特別な配慮を必要とする子どもの在籍率が高くなっており（平澤ほか、2005）、また、保育士の子どもや保護者への対応困難感や心理的負担（池田・大川、2012、神谷、2013）、保育士の知識程度とバーンアウトの関係（木曽、2013）等の現状が報告されている。保育者にはこれらの役割を果たすべく、子どもや子育て家庭の抱えるニーズに対応するための支援知識や技術等が必要とされている。

　このような動向において、保育ソーシャルワークに関する研究は、2000年頃から発表され始めた。これまで発表されている論文タイトルに用いられているキーワードは、「保育士」「保育ソーシャルワーク」が多く、その内容としては主に、①保育にソーシャルワークが求められるようになった背景、②保育現場においてソーシャルワークを担ううえでの課題、③具体的なソーシャルワーク実践の方法論、④保育士養成課程におけるソーシャルワーク教育の必要性に関するもの等がある（山本、2013）。保育ソーシャルワークに関する文献数も増加してきているが、保育ソーシャルワークの定義をはじめ、考究の途上であり、いくつかの論点が残されている。特に、現段階では「保育ソーシャルワーク」そのものの概念についての議論が十分成熟しておらず、様々な論点を検討するうえで大きな課題となっている。ここではまず、保育ソーシャルワーク概念に関する主要な論点を概観しておきたい。

　まず、保育ソーシャルワーク研究において展開された議論の１つは、保育ソーシャルワークの捉え方にあった。土田美世子は1991年から2003年までに発表された比較的初期の保育ソーシャルワークに関する論考について整理し、それらの論点を示している。そのなかで、各論者の論点として、①ケアワークの捉え方、②保育士の職務を基盤に専門性を抽出するか、あるいは新たに構築するかの２点に相違が見られることを見出した。（土田、2006、35）。そのうえで、各論者の論点の違いは、大きくは、①ケアワーク・ソーシャルワークの

捉え方、② 専門性の位置付けの 2 点であるとした（同、34-36）。これまでの保育をケアワークとして捉えるならば、昨今の保育現場では、このケアワークに加え「ソーシャルワーク」の知識や技術が必要とされている。保育士の実践をケアワーク・ソーシャルワークのどちらとして捉えるか、またこれらを融合するか分離するか、保育ソーシャルワークの専門性を含め、どのように位置付けるかが 1 つの論点となってきた。

　鶴宏史は、保育ソーシャルワークの基点を保育（ケアワーク）あるいはソーシャルワークのどちらに置くかということにとらわれず、社会福祉（子ども家庭福祉）専門職としての立場から、保育ソーシャルワークを「保育所における援助活動を社会福祉援助実践から捉えたもの、あるいは子ども家庭福祉実践から捉えたもの」（鶴、2009、54）として、考える視点を提案する。さらに、保育ソーシャルワークは「人と環境との相互作用」という生態学的視座を持つことの重要性を指摘し、それには「単にソーシャルワークの技術を用いるというレベルではなく、社会福祉専門職としてのアイデンティティが求められる」と主張する。また、橋本好市は、鶴の保育ソーシャルワークの見解を引用しつつ、保育ソーシャルワークは「より良い子育て社会に向けた社会変革へのアクションをも視野に入れた実践であると考えたい」と述べる（橋本、2012、16）。これらの主張は、保育ソーシャルワークは、「ケアワーク」と「ソーシャルワーク」に分断されるものではないということ、そして保育ソーシャルワークは子ども家庭福祉の観点から捉え、位置付けられるものとして解釈することができる。この点では、「子どもと保護者の幸福のトータルな保障に向けて、そのフィールドとなる保育実践及び保護者支援・子育て支援にソーシャルワークの知識と技術・技能を応用しようとするもの」（伊藤、2011、13）と説明する伊藤良高による操作的定義が、保育ソーシャルワークを福祉的観点から、かつ包括的に「保育」と「ソーシャルワーク」を含んだ概念として捉えていると理解できる。

　一方、土田は「保育所」におけるソーシャルワーク支援を「保育の主体である保育所等が、子どもの生活の全体性を視野に入れ、その主体的側面から、児童の権利実現のために保護者とパートナーシップを組み、ケアワークとソーシャルワーク支援の連続性の中で、保育所の生活とかかわる範囲で子どもの生育環境を最適なものにしていく取り組みの総体」（土田、2012、158）と定義付け

ている。また、保育ソーシャルワークについては「保育所保育・子育て支援だけでは課題解決が困難な場合、ソーシャルワークを用いた支援」（同、213）として機能すると述べる。日々の保育は、子どもに対する養護＝ケアワークが基盤とされ、ソーシャルワーク支援は、保護者によって主体的な子育てが可能な状況においてのみ実施されるとし、保育所保育、保育ソーシャルワークは個別支援、地域支援、保護者支援など、重複した支援基盤はありつつも、それぞれが含む内容は異なることを示す（同、213）。ここでは、保育所の現状をふまえたうえで、保育所において現実的に実践され得る保育ソーシャルワークが提示されていると考えられる。

以上、保育ソーシャルワーク概念について、初期の議論において取り上げられた「ケアワーク」と「ソーシャルワーク」の関係性は、いくつかの論者の主張のように両者を連続性のあるものとして認知する傾向にあると言える。しかし、概念として十分確立しているとは言えず、今後も保育ソーシャルワーク概念に関する議論を深めていくことが求められる。

（２）近年にみる保育ソーシャルワークをめぐる議論

保育およびソーシャルワーク研究における専門学会として、「日本保育ソーシャルワーク学会」が2013年に創立された。また、当学会では、保育ソーシャルワーカーの養成研修にあたり「保育ソーシャルワーカー」を「保育ソーシャルワークに関する専門的知識及び技術をもって、特別な配慮を必要とする子どもと保護者に対する支援をつかさどる者」と定義付けている。しかし、保育ソーシャルワークについては、共通の見解を得られていない点が多くある。保育ソーシャルワークの理論と実践をめぐる課題について、伊藤良高は、① 保育ソーシャルワーク概念、② 領域、③ 主たる担い手の明確化をあげ、独自理論として構築を目指すべきであると主張する（伊藤ほか、2012、3-4）。以下、上記３点の課題について考察してみたい。

保育ソーシャルワーク概念については、序章（伊藤「保育ソーシャルワークとは何か」）に詳細が記されている。概念をめぐる議論は続いているが、次に明確化すべきは、ケアワークとソーシャルワークを内包する「保育ソーシャルワーク」の具体的な構成内容ないしは構造についてであろう。例えば、土田は保育

ソーシャルワーカーの役割を「子どもの権利実現、子育て支援に支援的なコミュニティの実現」(土田、2012、214)を目標に、ケースワークとコミュニティワークを実施することとして説明する。また、鶴らはソーシャルワーカーの役割を基盤に、保育ソーシャルワーク機能を15項目に整理している(鶴ほか、2016)。保育士等を対象とした調査研究等では、保育士が行う保護者支援、地域支援を保育ソーシャルワークと仮定したうえで、保育士への質問紙調査を実施し、その現状と課題を報告した研究(米山、2012)、保護者支援の相談援助と地域子育て支援をソーシャルワーク業務と捉え、タイムライン調査を中心とした保育士の業務分析(竹之下ほか、2012)がある。その他にも、保育所に求められるソーシャルワーク機能の実施に対する意識調査を保育者に実施し、「保育所の使命」「地域との連携」「子どもの問題解決のための協働」「保育所の相互理解」「保育所保育の優先」がその職務として抽出されたことを報告した調査等がある(土田、2010)。これらの先行研究はいずれも、保育所でのソーシャルワークの機能や役割についての仮説をもとに、その実態を明らかにすることを試みている。現状では、包括的に保育ソーシャルワークの構成内容等を明らかにした先行研究は十分ではないが、現場実践の現状をふまえつつ、保育ソーシャルワーク独自の内容を抽出していく作業を通し、保育現場において実践可能な保育ソーシャルワークの枠組みを構築していくことが重要であると考える。

次に、保育ソーシャルワークの対象領域についてである。対象として、子ども、保護者を含み、包括的な子育ちと子育てを支援ターゲットとして捉えることに異論はないと思われる。しかし、子育て支援の対象に「地域」ないしは「地域支援」をどのように位置付けるかについては共通認識が図られていない。先行研究では、保育ソーシャルワークが求められるようになった背景から、その多くが「保育所」におけるソーシャルワークを想定している。しかし、「保育ソーシャルワーク」が「保育所」で行われるソーシャルワーク活動として限定され得るものか否かということについては慎重な議論を要するであろう。保育所以外のフィールドとしては、地域子育て支援センター(現：地域子育て支援拠点)事業におけるソーシャルワーク支援の在り方に関する論考が試みられてきている。1993年「保育所地域子育てモデル事業」が創設されて以降、保育士を中心に保育の専門性が地域の子育て家庭に向けて還元されてきた。この地域

子育て支援においても、当然ながら「保育士の技術として位置づけられている保育指導あるいは保育相談支援を越えるもの」（山縣、2010）が必要とされ、地域福祉の視座に立った支援、ソーシャルワーク機能の展開等が重要な課題としてあげられてきた（金子、2007）。また、本事業は2007年に地域子育て支援拠点事業として再編され、現在の子ども・子育て支援新制度のもと、すべての子どもと子育て家庭に子育て支援サービスを切れ目なく地域で提供する新たなシステムの構築が目指されており、保育士の専門性を基盤とした地域子育て支援の在り方が問われている。橋本は、センター事業従事者を対象とした調査を通し、地域子育て支援拠点事業センター型の実践の活性化には、事業担当者の認識枠組みの転換や実践を保障する環境整備が必要であることを示唆する（橋本、2011）。保育所における保育ソーシャルワークについても、社会福祉専門職としてのアイデンティティの必要性が指摘されているが、保育士の多くは幼児教育専門職としてのアイデンティティをもつと考えられる。実践を担う上で、どのような支援をどこまで担うかについての基準や指標を形成するなかで、それらを職責として果たすことができるシステムを創出することが必要であろう。他にも、保育所以外の児童福祉施設におけるソーシャルワーク実践との関係性など、対象とする実践領域についての議論が整理されるには至っていない。「保育所」を領域としたソーシャルワークとして保育ソーシャルワークを定義付けるか、より広く保育実践ないしは保育現場におけるソーシャルワークとして広義に捉えていくかについて、論を進めることが必要である。

　最後に、保育ソーシャルワークを行う主体をどのように位置付けるかという課題である。先行研究からは、保育士、社会福祉士資格をもつ保育士、園長、主任等の保育所管理職、ソーシャルワーカー等の提言が見られる。長期的展望としては、保育所外の専門職を配置し、ソーシャルワーク機能の外部化を図ることが方向性の1つとして検討可能ではないかと考える（山本、2014）。現状では、担任保育士等が子どもの問題行動や保護者への対応に直面し、困難さを抱えていることが予測されるが、保育士個人の問題に帰せず、園長、主任、他の保育士を含めた組織的な対応として、保育ソーシャルワークが実践されることが望ましい。しかし、当面は、ソーシャルワークの知識、技術、価値をふまえたかかわりを通し、眼前の子どもの成長発達や権利擁護を支える取り組みを行

うことが重要となる。日本保育ソーシャルワーク学会では、認定資格制度として2015年より保育ソーシャルワーカー養成研修が始まった。実践において直面する困難事例に対し、具体的な対応方法としてソーシャルワークを学ぶことは意義深く、また実践の質の向上に資する。今後は、研修課程を修了した「保育ソーシャルワーカー」による、子ども、保護者への支援効果を測り、養成システムの検証へとつなげることが必要であろう。また、保育所において福祉的課題を要する子どもと保護者への支援を中心に、保育現場で必要とされるソーシャルワーク内容を明らかにし、保育ソーシャルワーク実践を行う上で求められるコンピテンシーを明確化する作業が重要となると考える。これらは、保育ソーシャルワークを担うことが想定される保育ソーシャルワーカーの専門性を確立していくためにも必要な検討である。

　以上、保育ソーシャルワーク研究に関するいくつかの論点について整理を試みた。先行研究レビューからは、理論的な保育ソーシャルワーク議論が重ねられてきているものの、調査や事例研究数は未だ十分に蓄積されているとは言えない状況も見受けられる。保育ソーシャルワーク研究においては、理論と実践とが両輪となって進められていくことが望ましい。次節以降では、筆者が2016年度に実施した保育所における保育ソーシャルワークの実態調査結果を通し、保育ソーシャルワーク研究について論考してみたい。

2 │ 保育士意識からみる保育ソーシャルワーク

(1) 調査概要

　保育ソーシャルワークに対する、現場保育士等の意識を明らかにすることを目的に質問紙調査を実施した。

　対象はA県内の保育所および認定こども園（A県保育協会加盟施設のみ）951施設に勤務する保育士および施設管理者とした。1対象施設につき、施設管理者と経験年数が異なる2名の保育士（5年以上勤務の中堅保育士、勤務2年以下の初任保育士）に依頼し、計2853通（人）に無記名・自記式の質問紙調査（郵送法）を実施した。調査期間は2016年12月から2017年2月までである。回収した1102通（回収率38.6%）の調査票のうち、多質問項目により構成されている尺度につい

ては欠損値が1割程度以下のものを有効回答とした。分析対象者数は1006人であった。調査票における欠損値は完全にランダムであったため、統計的平均値を充てることで欠損値処理を行った。

質問項目作成にあたっては、まず現場保育士を対象に「保育ソーシャルワーク」から連想する言葉やイメージ等に関する各自の認識について自由記述で回答を得て、分析を行った。次に、保育ソーシャルワーク等に関連する先行研究から、保育ソーシャルワークに関連した内容を集約した。これらの作業をふまえ、最終的に保育ソーシャルワーク実践に関する37質問項目を作成した。質問項目は、① 特別な配慮を要する子どもへの支援、② 保護者への支援、③ 地域子育て支援、④ 連携、⑤ 権利擁護の5カテゴリーに分類した。質問項目については、「行っていない（1点）」「あまり行っていない（2点）」「やや行っている（3点）」「行っている（4点）」の4段階評定で回答を求め、点数化した。

（2）対象者の基本属性

調査において、性別、年齢、取得資格、保育士としての経験年数、役職等の項目を尋ねた（表10-1）。

性別は女性が92.3％、男性が7.7％で女性が全体の約9割を占めていた。年齢は、20歳代37.6％、30歳代18.1％、40歳代16.7％、50歳代19.6％、60歳代7.2％、70歳代0.7％であった。勤務形態は常勤が96.1％、非常勤が2.2％であった。所属施設形態は、公立21.0％、私立70.2％で、公立が約7割となっていた。保育士としての経験年数は、3年未満が24.4％、3年以上5年未満6％、5年以上10年未満が16.9％、10年以上が50.8％経験なしが1.8％であった。役職については、施設長および副施設長が23.5％、主任12.2％、クラス担任他が57.5％であった。

（3）質問項目に対する回答の全体傾向

得られた回答の単純集計を表10-2に示した。特別な配慮を要する子どもへの支援には、「子どもを理解する際、家庭を含めた全体像を知るために総合的な情報収集を行う」、「特別な配慮を要する子どもへの支援経過を関係者間で共有する」の項目で、「行っている」「やや行っている」と回答した人が、それぞ

表10-1 対象者の基本属性

N＝1,006

項目		N	％	項目		N	％
性別	女性	928	92.3	勤務形態	常勤	957	96.1
	男性	77	7.7		非常勤	22	2.2
年齢	20歳代	377	37.6		その他	17	1.7
	30歳代	182	18.1	施設種別	公立	204	21
	40歳代	168	16.7		市立	683	70.2
	50歳代	197	19.6		公設民営	66	6.8
	60歳代以上	79	7.9		その他	20	2.1
保育士としての経験年数	3年未満	244	24.4	役職	施設長	206	20.7
	3年以上5年未満	60	6		副施設長	28	2.8
	5年以上10年未満	169	16.9		主任	121	12.2
	10年以上	507	50.8		クラス担任	572	57.5
	経験なし	18	1.8		その他	67	6.7

注：欠損値は、表から除外した。

れ92.8％、89.9％となっている。

　保護者への支援については、「保護者からの子どもに関する相談に対し、具体的なアドバイスを行う」という項目において「行っている」「やや行っている」と回答した人は89.6％であることに対し、「家族に関する相談に対し、具体的なアドバイスを行う」51.2％、「生活課題（就労、経済問題等）に関する相談に対し、具体的なアドバイスを行う」では34.4％となっている。保護者相談の内容では、子どもにかかわることが中心であることがうかがえる。

　地域子育て支援については、全体的に各項目の平均値が低い傾向にあった。この結果は、調査対象者が現在勤務する保育所が地域子育て支援に関連した事業を実施していた割合は全体の67.6％（無回答7.4％）であり、25％が実施していないとの回答であったこと、また経験年数が少ない保育士については、地域子育て支援担当の経験を持っていない等の要因が推測され、回答に影響を及ぼしている可能性も考えられる。

　連携については、「組織内の保育士同士のチームワークを高める」「組織内の保育士以外の職種とのチームワークを高める」の項目で、「行っている」「やや

表10-2 保育士による保育ソーシャルワーク実践の現状

	質問項目	行っていない 人数	(%)	あまり行っていない 人数	(%)	やや行っている 人数	(%)	行っている 人数	(%)	無回答 人数	(%)
	特別な配慮を要する子どもへの支援										
1	子どもを理解する際、家庭を含めた全体像を知るために総合的な情報収集を行う	7	(0.7)	57	(5.7)	494	(49.1)	440	(43.7)	8	(0.8)
2	特別な配慮を要する子どもの特性に応じた支援のため、個別計画を立てる	39	(3.9)	133	(13.2)	312	(31.0)	513	(51.0)	9	(0.9)
3	特別な配慮を要する子どもについての理解が促進するよう、その子どもの保護者にはたらきかける	24	(2.4)	120	(11.9)	415	(41.3)	439	(43.6)	8	(0.8)
4	特別な配慮を要する子どもについての理解が促進するよう、クラスの他の子どもにはたらきかける	63	(1.3)	247	(24.6)	443	(44.0)	237	(23.5)	16	(1.6)
5	特別な配慮を要する子どもについての理解が促進するよう、他の子どもの保護者にはたらきかける	260	(25.8)	417	(41.5)	256	(25.4)	60	(6.0)	13	(1.3)
6	特別な配慮を要する子どもへの支援経過を関係者間で共有する	29	(2.9)	70	(7.0)	307	(30.5)	592	(58.8)	8	(0.8)
7	特別な配慮を要する子どもへの支援経過を適切に記録する	54	(5.4)	105	(10.4)	286	(28.4)	546	(54.3)	15	(1.5)
	保護者への支援										
8	保護者との日常的な会話や態度から、子育てや日常生活についての情報を得て、生活背景を理解する	4	(0.4)	42	(4.2)	382	(38.0)	577	(57.4)	1	(0.1)
9	保護者に対し、必要と思われる子育てに関するサービスや制度等の情報を伝える	52	(5.2)	236	(23.5)	417	(41.5)	293	(29.1)	8	(0.8)
10	保護者からの子どもに関する相談に対し、具体的なアドバイスを行う	6	(0.6)	92	(9.1)	408	(40.6)	445	(44.2)	5	(0.5)
11	保護者からの家族に関する相談に対し、具体的なアドバイスを行う	133	(13.2)	353	(35.1)	375	(37.3)	140	(13.9)	5	(0.5)
12	保護者の生活課題（就労、経済的問題等）に関する相談に対し、具体的なアドバイスを行う	264	(26.2)	388	(38.6)	276	(27.4)	70	(7.0)	8	(0.8)
13	保護者との情報交換の内容を、必要に応じ記録する	59	(5.9)	173	(17.2)	359	(35.7)	411	(40.9)	4	(0.4)
	地域子育て支援										
14	地域の子育て家庭の実情に応じた子育て支援プログラムを実施する	300	(29.8)	365	(36.3)	244	(24.3)	86	(8.5)	11	(1.1)
15	地域の親子が集まる場に出向き、子育て支援プログラムを実施する	413	(41.1)	305	(30.3)	168	(16.7)	115	(11.4)	5	(0.5)
16	子育てに関わる者同士のグループ活動が促進するための支援を行う	439	(43.6)	342	(34.0)	165	(16.4)	57	(5.7)	3	(0.3)
17	子育て中の保護者同士の、自ら学ぶことができる機会を提供する	270	(26.8)	335	(33.3)	275	(27.3)	120	(11.9)	6	(0.6)
18	子育て中の保護者が、様々な人たちと交流できる機会を提供する	270	(26.8)	328	(32.6)	303	(30.1)	49	(9.8)	6	(0.6)
	連携										
19	地域で求められる保育ニーズを把握する	161	(16.0)	363	(36.1)	362	(36.0)	112	(11.1)	8	(0.8)
20	地域において不足している、子育て・子育てのための社会資源をつくる	487	(48.4)	334	(33.2)	146	(14.5)	30	(3.0)	9	(0.9)
21	地域の社会資源と子ども（保護者）を結びつける際、仲介を行う	408	(40.6)	327	(32.5)	199	(19.8)	59	(5.9)	13	(1.3)
22	地域の社会資源と子ども（保護者）を結びつけた後、フォローアップを行う	458	(45.5)	326	(32.6)	167	(16.6)	39	(3.9)	14	(1.4)
23	地域の多職種による巡回相談システムを利用する	383	(38.1)	246	(24.5)	192	(19.1)	169	(16.8)	16	(1.6)
24	地域の「要保護児童地域対策協議会」に参加する	562	(55.9)	197	(19.6)	115	(11.4)	106	(10.5)	26	(2.6)
25	地域の関係機関や団体等に、ネットワークを形成する	218	(21.7)	319	(31.7)	301	(29.9)	158	(15.7)	10	(1.0)
26	組織内の保育士同士のチームワークを高める	280	(27.8)	306	(30.4)	268	(26.6)	138	(13.7)	14	(1.4)
27	組織内の保育士以外の職種とのチームワークを高める	17	(1.7)	84	(8.3)	384	(38.2)	519	(51.6)	2	(0.2)
28		86	(8.5)	210	(20.9)	383	(38.1)	323	(32.1)	4	(0.4)
	権利擁護										
29	子どもの意見表を支持し、尊重する	1	(0.1)	22	(2.2)	414	(41.2)	564	(56.1)	5	(0.5)
30	子ども（保護者）のニーズを代弁する	21	(2.1)	136	(13.5)	513	(51.0)	320	(31.8)	16	(1.6)
31	子ども（保護者）の自己決定を尊重する	22	(2.2)	111	(11.0)	486	(48.3)	376	(37.4)	11	(1.1)
32	子どもの最善の利益を意識した支援を行う	11	(1.1)	68	(6.8)	435	(43.2)	487	(48.4)	5	(0.5)
33	子どもの多様性を意識した支援を行う	19	(1.9)	99	(9.8)	414	(41.2)	471	(46.8)	3	(0.3)
34	子どもの権利条約を意識した支援を行う	30	(3.0)	40	(4.0)	274	(27.2)	677	(67.3)	5	(0.5)
35	個人情報の保護を意識した、子ども（保護者）支援を行う	11	(1.1)	122	(12.1)	490	(48.7)	373	(37.1)	10	(1.0)
36	自分自身の考え方の傾向について理解したうえで、子ども（保護者）支援を行う	11	(1.1)	167	(16.6)	451	(44.8)	349	(34.7)	8	(0.8)
37	自分自身の実践の検証・評価を行う、事例研究を行う	31	(3.1)								
		198	(19.7)	370	(36.8)	296	(29.4)	130	(12.9)	12	(1.2)

行っている」と回答した人が、それぞれ89.8%、70.2%となっている。一方、その他の項目では肯定的な回答の割合は少なく、保育ソーシャルワークにおいて、地域ネットワークや他機関との連携の必要性が指摘されるものの、実際は行動化されていないことが推察される。

権利擁護については、「子どもの意見を支持し、尊重する」の項目で「行っている」「やや行っている」答えた人は、97.3%にのぼり、他にも「個人情報の保護を行う」94.5%、「子どもの最善の利益を意識した支援を行う」91.6%が90%以上の高い割合であった。これらの結果は、実践において保育所保育指針や倫理綱領等が意識されていることを示すものであると考えられる。

(4) 保育士経験年数別の実践状況

保育実践の積み重ねは、保育者の専門性を向上させることが先行研究から示唆されている。保育所において、配慮を要する子どもや保護者への相談援助や情報提供、他機関への仲介等のソーシャルワーク的な実践は、施設長や主任等、保育キャリアをもつ人材が担っていることが予測される。そこで、保育士としての経験年数が5年未満、5年以上10年未満、10年以上の3群に分け、各項目の平均を分析した（図10-1）。分散分析の結果、37項目すべてにおいて有意差が認められた（$p < .001$）。

保育士としての経験年数によって各項目の平均値は異なるが、グラフが示すように、項目の平均値の高低の傾向はおおむね同様であると考えられる。保育ソーシャルワーク実践に関連するいずれの質問項目においても、10年以上のキャリアをもつ保育士の平均値が他の年数のキャリアよりも高く、特に地域連携を伴う行動に関わる項目の平均値が高い傾向にあることがわかる。したがって、ソーシャルワークに関わる実際行動は、現状として経験年数が長い保育士が担っていることが推測された。

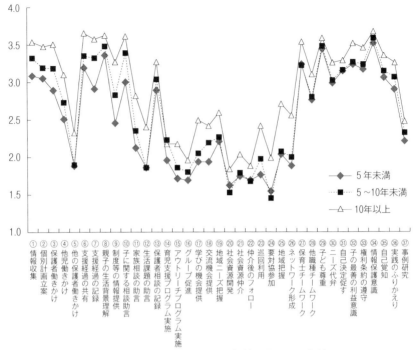

図10-1　経験年数別にみた各質問項目の平均値

3 │ 保育ソーシャルワークへのアプローチ

（1）保育ソーシャルワーク実践を捉えるために

　保育所を対象とした調査から見えたことは、保育におけるソーシャルワークの実態把握や理論構築が十分ではない現状においても、ソーシャルワークにかかわる行動が保育士によって行われているという事実である。保育実践において保育士らは、特別な配慮を要する子どもや保護者への支援、地域連携等の業務をケアワークとソーシャルワークの連続性の中で行っていると推測される。したがって、保育実践に必要とされるソーシャルワーク知識や技術の習得は課題の1つとして明確であり、現場保育士への研修実施の必要性は高いと言える。
　一方で、伊藤良高らが指摘するように、現場や保育者感覚にフィットした理

論と実践モデルの提供、そして保育士養成校及び保育現場においての保育ソーシャルワークマインドの形成が必要であると思われる（伊藤ほか、2012）。保育現場の多忙さ、業務内容の多様化・複雑化、また保育士の疲弊感、労働環境の厳しさをふまえたうえで、組織全体での保育ソーシャルワーク実践の確立に向けた体制整備の検討が求められる。特に福祉的課題を抱える子どもと保護者への保育所での支援に対し、保育所ないし保育士がどこまで、どのような支援を担うべきか、支援困難事例等の分析を通して検討を重ね、現場で有用なソーシャルワークモデルを構築していくことが必要である。

（2）保育ソーシャルワーク学の追究に向けて

子どもと家庭を取り巻く変化のなかで、保育実践にソーシャルワークの必要性が広く認知され、学術的な追究が行われてきている。すでに検討されているとおり、①保育ソーシャルワークの概念、②保育ソーシャルワークの対象、③保育ソーシャルワークの主体、④保育ソーシャルワークの機能等について、より議論を深化させていくことが求められる。そのうえで、まず「保育ソーシャルワーク」の構成内容ないしは構造を明らかにすることが喫緊の課題であると考える。上述したように、「保育所」における保育ソーシャルワークと、保育所以外をフィールドとする保育ソーシャルワークの位置付けが今のところ不明瞭であり、保育ソーシャルワーク概念の構築に際して整理が必要である。

また、保育ソーシャルワークの担い手を養成していくうえでは、保育ソーシャルワーク実践に関するコンピテンシーの析出が課題であると考える。医療・看護・福祉等の対人援助職の分野では、職務内容に高い成果を発揮するための能力としてコンピテンシーの養成に関する先行研究が見られるが、保育領域での研究はあまり見当たらない。保育ソーシャルワーカーの支援の質は、子どもと保護者の生活の質に影響を与える。親子支援に際し、保育ソーシャルワーカーに求められるコンピテンシーを明らかにし、それに応じた養成や研修の在り方を分析することは、実践の質向上につながると考える。さらに、これらは個人の力量に委ねられるのではなく、組織全体を視野に入れた実践の枠組みが求められる。それゆえ、組織マネジメントやコミットメント等に関連する研究が重要となる。さらに、保育ソーシャルワーク実践に際しては、職場環境、

ストレス度、メンタルヘルス、自己効力感等、様々な関連要因との関係性を広く捉えていく必要があると考える。これらの研究を通し、保育ソーシャルワークに対する社会的認知を高めていくことが求められるであろう。

おわりに

　本章では、保育所における保育ソーシャルワークの論点を中心に、保育所保育士を対象とした保育におけるソーシャルワーク実践の現状調査をふまえ、検討を行った。保育所では、支援を行う上で福祉的課題や様々な配慮を要する子どもと保護者が存在し、保育士らはその対応に苦慮している現状がある。乳幼児期の子どもたちの豊かな育ちのために、保育現場において親和性があり、かつ実践可能な保育ソーシャルワークの明確化、そしてそれらが成立するための条件整備やシステムを構築していくことは喫緊の課題であると言える。加えて、「子ども・子育て支援新制度」のもと、地域包括的に切れ目のない子育て支援を行う体制が進められていくなか、「保育ソーシャルワーク」の在り方を検討していくことが求められる。

引用・参考文献
　池田幸代・大川一郎（2012）「保育士・幼稚園教諭のストレッサーが職務に対する精神状態に及ぼす影響：保育者の職務や職場環境に対する認識を媒介変数として」『発達心理学研究』第23巻第1号。
　伊藤良高・永野典詞・中谷彪編（2011）『保育ソーシャルワークのフロンティア』晃洋書房。
　伊藤良高・香﨑智郁代・永野典詞・三好明夫・宮﨑由紀子（2012）「保育現場に親和性のある保育ソーシャルワークの理論と実践モデルに関する一考察」熊本学園大学総合科学研究会編『熊本学園大学論集・総合科学』第19巻第1号（通巻第37号）。
　金子恵美（2007）「地域子育て支援拠点におけるソーシャルワーク活動――地域子育て支援センター全国調査から――」『日本社会事業大学研究紀要』第54号。
　神谷哲司（2013）「保護者とのかかわりに関する認識と保育者の感情労働――雇用形態による他母集団同時分析から――」『保育学研究』第51巻第1号。
　木曽陽子（2013）「発達障害の傾向がある子どもと保育士のバーンアウトの関係――質問紙調査より――」『保育学研究』第51巻第2号。
　竹之下典祥・前田佳代子・加納光子・得津愼子・津山惠子・谷向みつえ・立花直樹・小口将典・種村理太郎（2012）「タイムライン調査を中心とした保育所保育士のソーシャ

ルワーク業務分析」『保育士養成研究』第30号。
土田美世子（2006）「エコロジカル・パースペクティブによる保育実践」『ソーシャルワーク研究』第31巻第4号。
土田美世子（2010）「保育所によるソーシャルワーク支援の可能性――保育所へのアンケート調査からの考察――」『龍谷大学社会福祉学部紀要』第37号。
土田美世子（2012）『保育ソーシャルワーク支援論』明石書店。
鶴宏史（2009）『保育ソーシャルワーク論 社会福祉専門職としてのアイデンティティ』あいり出版。
鶴宏史・中谷奈津子・関川芳孝（2016）「保育所における生活課題を抱える保護者への支援の課題――保育ソーシャルワーク研究の文献レビューを通して――」『武庫川女子大学大学院教育学研究論集』第11号。
日本保育ソーシャルワーク学会編（2014）『保育ソーシャルワークの世界――理論と実践――』晃洋書房。
橋本好市（2012）「保育とソーシャルワーク」橋本好市・直島正樹編著『保育実践に求められるソーシャルワーク 子どもと保護者のための相談援助・保育相談支援』ミネルヴァ書房。
橋本真紀（2011）「地域を基盤とした子育て支援実践の現状と課題――地域子育て支援拠点事業センター型実践の検証から――」『社会福祉学』第52巻第1号。
平澤紀子・藤原義博・山根正夫（2005）「保育所・園における気になる・困っている行動子どもに関する調査研究：障害群からみた該当児の実態と保育者の対応および受けている支援から」『発達障害研究』第26号。
山縣文治（2010）「地域子育て支援施策の動向と実践上の課題」『季刊保育問題研究』244号。
山本佳代子（2013）「保育ソーシャルワーク研究の動向と課題」『山口県立大学学術情報』第6号。
米山珠里（2012）「保育所におけるソーシャルワークに関する現状と課題――弘前市内の保育士に対するアンケート調査結果を中心に――」『東北の社会福祉研究』第8号。

索　引

〈ア　行〉

赤沢鐘美　51
育児休業法　53
育児ストレス　93,94
育児不安　9,75,80,81,87,93,94
　　──の解消　81,84,89,95,97,100,107
伊藤良高　13,15,78,169,170,178
ウェイトリー, W.　24
エコロジカル・ソーシャルワーク　139
エコロジカル・パースペクティブ（生態学的視点）
　　3,4,139
オーウェン, R.　41,48,49
岡本民生　33

〈カ　行〉

解決志向アプローチ（SFA）　15,125,129,130
　　──の中心的原理　130
家庭保育原則　53
家父長制核家族の時代　23
救貧院　26
救貧法
　　エリザベス──　26
　　改正──　117
倉橋惣三　55
ケアワーク　3,9,78,128,168-170,178
行動変容アプローチ　15,140
コーピング・クエスチョン　132,133
子育て支援　2,10,77,94,108,125
子ども・子育て関連三法　53
子ども・子育て支援新制度　127,172,180
子どもの貧困　111,113,115,116
子供の貧困対策に関する大綱　121
　　──対策法　121
　　──率　112,113,158

〈サ　行〉

児童虐待　3
児童福祉法　76,127
社会資源　127,153,164,165

『社会診断』　33,35,37
社会的排除　118-120
恤救規則　120
少子化　75,76,127
事例研究（ケース・スタディ）　137-139,151
シングル・システム・デザイン　15,140
スーパービジョン　15,86,151
スケーリング・クエスチョン　131,132
ストレングス　130,131,139,147
スミス, H.　24
性格形成学院　41,48
生活課題　56
生活場面面接　84,85,89
絶対的貧困　117,118
セン, A.　118
全国保育士会倫理綱領　59,60,72
専門職の価値　60,61
専門職倫理　60
相対的貧困　118
　　──率　112,113
『ソーシャル・ケースワークとは何か？』　33
ソーシャルアクション　88,165
ソーシャルワーク
　　──（の）機能　4,78,79,87-89,171,172
　　──教育　2,168
　　──の科学化　35
　　──の定義　11

〈タ　行〉

タウンゼント, P.　118
男女雇用機会均等法　53,126
男女参画社会基本法　126
地域子育て支援　3,76,93,127,171,172
　　──拠点事業　94,172,175
　　──センター　15,88,171
地域ネットワーク　153,177
東京女子師範学校附属幼稚園　50,54
ドンゾロ, J.　30

〈ナ 行〉

日本保育ソーシャルワーク学会　1, 5, 13, 21, 170
乳児家庭全戸訪問事業　31
ノーバディーズパーフェクト　153, 159
野口幽香　51

〈ハ 行〉

反省的実践家　90
貧困化法則　116
貧民監察官　25
ファミリー・リソース・センター　153
ブース, C.　117
二葉保育園　52, 121
二葉幼稚園　52, 120, 121
ブリティッシュコロンビア州（BC 州）　154
　　——における保育システム　155, 156
フレーベル　41, 50
保育士資格　10, 13, 59, 76, 127
保育所地域子育てモデル事業　127, 171
保育所保育指針　14, 39, 53, 54, 76, 77, 93, 94, 125, 134, 177
　　——解説書　78, 127
保育ソーシャルワーカー　13, 14, 16, 56, 170, 179
　　——の定義　14, 170
　　——養成研修　14, 173
保育ソーシャルワーク
　　——概念　170, 179
　　——研究　16, 137, 151, 167, 168
　　——実践　14-16, 75, 83, 84, 173, 174, 177, 179

　　——実践に関するコンピテンシー　179
　　——の意義　9-11
　　——の実践モデル　14, 15, 139, 141
　　——の主体　13, 179
　　——の専門性　16
　　——の対象（対象領域）　122, 167, 171, 179
　　——の定義　6, 8, 56, 78
　　——の必要性　3, 4, 75, 79
　　——論　1, 3, 5, 6, 137
　　——をめぐる課題　12, 13
保護者支援　10, 75-78, 84, 125, 128
ポリス　28-30

〈マ 行〉

マッピング　15, 140
ミラクル・クエスチョン　131, 132
森島峰　51

〈ヤ 行〉

幼稚園教育要領　53, 125
幼保連携型認定こども園教育・保育要領　53

〈ラ 行〉

ラウントリー, B. S.　117
リッチモンド, M. E.　22, 32, 33, 35, 37
倫理綱領　60
　NAEYC——　61, 62, 70
倫理的ジレンマ　60, 62, 72
倫理的責任　61, 62
倫理問題　61, 62, 72
例外を見つける質問　131, 132
連絡帳　85

《執筆者紹介》（執筆順。＊は編集委員）

伊藤　良高（いとう　よしたか）	熊本学園大学社会福祉学部教授	はしがき、序章
＊柴田　賢一（しばた　けんいち）	奥付参照	第1章、第2章
＊鶴　　宏史（つる　ひろふみ）	奥付参照	第3章、第8章
進藤　珠里（しんどう　じゅり）	元東北福祉大学総合福祉学部講師	第4章
千葉千恵美（ちば　ちえみ）	高崎健康福祉大学人間発達学部教授	第5章
中村　強士（なかむら　つよし）	日本福祉大学社会福祉学部准教授	第6章
河野　清志（かわの　きよし）	大阪大谷大学教育学部講師	第7章
丸目　満弓（まるめ　まゆみ）	大坂城南女子短期大学総合保育学科講師	第9章
＊山本佳代子（やまもと　かよこ）	奥付参照	第10章

《監修》
日本保育ソーシャルワーク学会
2013年11月30日創立．本学会は，「保育ソーシャルワークの発展を期し，保育ソーシャルワークに関する研究及び交流を図り，もって，子どもと家庭の幸福の実現に資する」（会則第3条）ことを目的としている．
連絡先 E-mail（学会事務局）：jarccsw@gmail.com

《編集委員略歴》
鶴　　宏史（つる　ひろふみ）
大阪府立大学人間社会学研究科博士後期課程修了
現　在　武庫川女子大学文学部准教授，博士（社会福祉学），保育士，社会福祉士
主　著　『保育ソーシャルワーク論』（あいり出版，2009），他

三好明夫（みよし　あきお）
九州保健福祉大学大学院社会福祉学研究科博士後期課程修了
現　在　京都ノートルダム女子大学現代人間学部教授，博士（社会福祉学），社会福祉士，精神保健福祉士
主　著　『新版 子ども家庭福祉のフロンティア』（共編，晃洋書房，2015），他

山本佳代子（やまもと　かよこ）
山口県立大学大学院健康福祉学研究科修士課程修了
現　在　西南学院大学人間科学部准教授，修士（健康福祉学），社会福祉士，保育士
主　著　『今を生きる子どもと家族』（共著，ふくろう出版，2009），他

柴田賢一（しばた　けんいち）
神戸大学大学院総合人間科学研究科博士後期課程修了
現　在　尚絅大学短期大学部幼児教育学科教授，博士（学術）
主　著　『初期近代イングランド家政論研究』（博士論文［神戸大学］），他

保育ソーシャルワーク学研究叢書　第1巻
保育ソーシャルワークの思想と理論

2018年11月10日　初版第1刷発行　　＊定価はカバーに表示してあります

監　修	日本保育ソーシャルワーク学会 ©
責任編集	鶴　　　宏　史 三　好　明　夫 山　本　佳代子 柴　田　賢　一
発行者	植　田　　　実

責任編集の了解により検印省略

発行所　株式会社　晃洋書房
〒615-0026　京都市右京区西院北矢掛町7番地
電話　075(312)0788番(代)
振替口座　01040-6-32280

装丁　クリエイティブ・コンセプト　印刷・製本　亜細亜印刷㈱
ISBN 978-4-7710-3091-6

JCOPY　〈(社)出版者著作権管理機構　委託出版物〉
本書の無断複写は著作権法上での例外を除き禁じられています．
複写される場合は，そのつど事前に，(社)出版者著作権管理機構
（電話 03-3513-6969，FAX 03-3513-6979, e-mail : info@jcopy.or.jp）
の許諾を得てください．

伊藤良高　編集代表
2018年版　ポケット教育小六法
新書判340頁
定価1300円(税別)

伊藤良高・宮﨑由紀子・香﨑智郁代・橋本一雄 編
保育・幼児教育のフロンティア
A 5 判176頁
定価1800円(税別)

伊藤良高・伊藤美佳子 編
乳児保育のフロンティア
A 5 判120頁
定価1300円(税別)

伊藤良高・冨江英俊 編
教育の理念と思想のフロンティア
A 5 判120頁
定価1300円(税別)

伊藤良高・伊藤美佳子 著
新版　子どもの幸せと親の幸せ
──未来を紡ぐ保育・子育てのエッセンス──
A 5 判176頁
定価1800円(税別)

石村卓也・伊藤朋子 著
教職のしくみと教育のしくみ
A 5 判246頁
定価2800円(税別)

石村卓也・伊藤朋子・浅田昇平 著
社会に開かれたカリキュラム
──新学習指導要領に対応した教育課程論──
A 5 判264頁
定価2900円(税別)

福井逸子・山森泉 著
エピソードから始まる保育の描き方・学び方
A 5 判124頁
定価1800円(税別)

伊藤良高 編著
第2版　教育と福祉の課題
A 5 判248頁
定価2600円(税別)

天野正輝 著
教育的かかわりの探究
A 5 判150頁
定価1900円(税別)

━━━━━ 晃　洋　書　房 ━━━━━